幼儿园保教质量提升丛书

丛书主编

高丙成

高品质发展

幼儿园保教质量提升研究

高丙成
等著

南京师范大学出版社

图书在版编目(CIP)数据

高品质发展：幼儿园保教质量提升研究 / 高丙成等著. -- 南京：南京师范大学出版社，2025. 6.（幼儿园保教质量提升丛书 / 高丙成主编）. -- ISBN 978-7-5651-6539-9

Ⅰ. G612

中国国家版本馆 CIP 数据核字第 20241NA944 号

书　　名	高品质发展——幼儿园保教质量提升研究
丛 书 名	幼儿园保教质量提升丛书
丛书主编	高丙成
作　　者	高丙成 等
丛书策划	张　莉
责任编辑	张丽琼
出版发行	南京师范大学出版社
地　　址	江苏省南京市鼓楼区北京西路 72 号(邮编:210024)
电　　话	(025)83598919(总编办)　83598412(营销部)　83598372(编辑部)
网　　址	http://press.njnu.edu.cn
电子信箱	nspzbb@njnu.edu.cn
照　　排	南京开卷文化传媒有限公司
印　　刷	江苏扬中印刷有限公司
开　　本	787 毫米×1092 毫米　1/16
印　　张	8.5
字　　数	171 千
版　　次	2025 年 6 月第 1 版
印　　次	2025 年 6 月第 1 次印刷
书　　号	ISBN 978-7-5651-6539-9
定　　价	28.00 元

出 版 人　张　鹏

丛书编委会

总　序

提升幼儿园保教质量，促进学前教育高质量发展

质量是学前教育的生命线，有质量的学前教育才能真正促进幼儿的健康成长，提升保教质量是学前教育发展的根本追求。为了让每一个幼儿健康成长，近年来，我国先后出台《3—6岁儿童学习与发展指南》《幼儿园保育教育质量评估指南》等政策文件引领保教质量提升的方向，持续开展全国学前教育宣传月活动宣传科学保教理念，深入开展“小学化”专项治理，积极推进“幼小衔接”攻坚行动，大力推广先进典型经验，发挥示范引领作用，使得幼儿园环境和保教条件逐步改善，“以游戏为基本活动”的理念得到普遍认同，科学保教行为不断规范，幼儿园师资队伍建设不断加强，幼儿身心健康得到更好的呵护。随着我国学前教育改革发展，人民群众“有园上”的需求已经基本得到满足。随着出生人口的变化和我国进入高质量发展阶段，人民群众对好的办园环境、好的保教质量、好的教师队伍、好的服务的需求更加迫切，对“上好园”的需求日益强烈，人民群众对高质量保教的需求与学前教育发展不平衡不充分之间的矛盾越来越突出。但在幼儿园实践中仍存在一些违背教育规律、违背幼儿身心发展规律的行为，如无视幼儿需要、超前教育、超标教学、强化训练、重智轻德等偏差行为，这些行为背离了教育的本质，严重影响了幼儿的身心健康发展。

为了引导幼儿园树立科学的保教质量观，落实立德树人的根本任务，尊重幼儿的年龄特点和发展规律，落实“以游戏为基本活动”要求，有效支持保育教育工作科学实施，提高幼儿园科学保教水平，促进幼儿身心全面发展，激励教师爱岗敬业、潜心育人，努力办好每一所幼儿园，促进幼儿园安全优质发展，我们和南京师范大学出版社策划出版了这套“幼儿园保教质量提升丛书”（以下简称“丛书”）。

一、“丛书”的基本定位

本套“丛书”注重“聚焦实践问题，梳理政策法规，把握研究进展”三位一体整体推进，希望能够更好地深化实践改进、强化政策引领、加强研究应用，为提升幼儿园保教质量提供借鉴与参考，为促进学前教育高质量发展助力赋能。

1. 汇聚实践经验。

近年来，各地高度重视幼儿园保教质量提升工作，遵循相关政策法规的要求，坚持立德树人的根本任务，遵循幼儿的身心发展规律和教育规律，坚持“以游戏为基本活动”，注重保教结合，围绕提高幼儿园保教质量进行大胆实践、勇于探索，开展了持续、深入的研究与实践，涌现出许多提高幼儿园保教质量的典型案例和优秀成果，提炼出一系列具有推广价值的路径方式和方法策略，形成了一批具有借鉴意义的成功模式和先进经验。为了帮助幼儿园园长、教师们更及时地学习和了解全国不同地区在幼儿园保教质量提升方面的实践智慧，更好地宣传推广幼儿园保教质量提升的先进典型经验，更有效地发挥榜样的示范引领作用，“丛书”精选一系列幼儿园实践中的优秀案例、成功经验等进行深入的分析解读，重点通过正面案例的示范，为园长、教师呈现发现问题、分析问题和解决问题的具体场景，分析实践中可能存在的常见问题与误区等，介绍实施过程中的注意事项，并提供解决问题的一些常见路径、方法、策略。“丛书”力争深入浅出地剖析问题的根源，帮助园长、教师透过现象看本质，让园长、教师知其然更知其所以然；同时提出解决实践中类似问题的一些具体的方法策略，使得不论哪个发展阶段的园长和教师都能从中找到解决问题的方法，正面引导园长和教师在实践过程中把先进的教育理念和科学的教育方法策略切实落实到幼儿园保教工作中，不断提高专业实践能力。

2. 助力政策落地。

我国出台系列政策文件，对幼儿园保教质量提升提出了明确要求。《国家中长期教育改革和发展规划纲要(2010—2020年)》提出“遵循幼儿身心发展规律，坚持科学保教方法，保障幼儿快乐健康成长”。《国务院关于当前发展学前教育的若干意见》强调“坚持科学保教，促进幼儿身心健康发展”。《中共中央　国务院关于学前教育深化改革规范发展的若干意见》强调“注重保教结合，提高幼儿园保教质量”。近年来，我国先后出台《3—6岁儿童学习与发展指南》《教育部关于大力推进幼儿园与小学科学衔接的指导意见》《幼儿园保育教育质量评估指南》等一系列保教质量提升方面的政策文件，使幼儿园保教质量的政策保障体系得到不断完善。这些政策措施的出台进一步明确了幼儿园保教质量提升的目标，提出了提升幼儿园保教质量的基本要求，规定了提升幼儿园保教质量的重点任务，完善了提升幼儿园保教质量的体制机制。为了更好地发挥政策的引领作用，帮助园长和教师更完整、更准确地了解政策背景、理解内容框架、把握精神内涵，“丛书”在阐述相关政策研制背景的基础上，介绍政策研制的目的与作用价值，阐释与政策相关的概念、内涵、观点，详细解读政策的主要内容和框架体系，说明政策实施的基本原则和方法策略，展望政策的未来发展趋势，并提出政策实施的对策建议，以促进园长、教师对政策的精神实质与核心要义的学习、理解和把握，更深入地学习贯彻国家提升幼儿园保教质量的政策措施，更好地提升幼儿园保教质量。

3. 加强成果转化。

近年来，幼儿园保教质量提升研究也越来越受到关注和重视，研究者对幼小衔接、保教质量评价、课程建设、环境创设等进行了多方面的研究与探索，相关理论研究不断深入，研究成果不断增加，成果水平也不断提高。但是，国内外相关研究成果还难以有效满足服务决策、指导实践的要求。为了帮助幼儿园园长、教师们更及时地了解幼儿园保教质量提升研究的新进展、新动向、新成果，更方便地了解国际前沿动态、拓宽国际学术视野，更有效地把研究成果转化为指导实践的科学举措和提升幼儿园保教质量的实际成效，“丛书”以习近平总书记关于教育的重要论述为指导，充分借鉴中国特色社会主义学前教育科学学科体系、学术体系、话语体系的新进展，努力形成具有中国特色、中国风格、中国气派的幼儿园保教质量提升研究成果，积极吸收世界各国和国际组织的先进研究成果，引导幼儿园园长和教师用科学理论武装头脑，树立科学的保教理念，深化对幼儿园保教质量的规律性认识，掌握学前教育科学知识，探索适应新时代要求的教书育人的有效方式和途径，用最新的研究成果指导新时代幼儿园保育教育工作，全面促进学前教育高质量发展。

二、“丛书”的主要内容

“丛书”主要围绕幼儿园保育教育质量展开，旨在全面总结我国幼儿园保教质量提升的先进经验，梳理凝练保教质量研究工作新进展，分析解读保教质量提升政策要义，交流展示提升保教质量的创新做法，精选提炼提升保教质量的典型案例，归纳梳理提升保教质量的思路方法，促进学前教育高质量发展。各分册主要内容如下。

《高品质发展——幼儿园保教质量提升研究》

本书在对我国幼儿园保教质量相关政策等进行梳理分析的基础上，对我国幼儿园保教质量的相关研究进行述评，对OECD等国际组织和美国等国家幼儿园保教质量进行国际比较研究，并对我国幼儿园保教质量发展现状进行调查分析，对我国幼儿园保教质量提升的主要成绩、典型经验等进行梳理和挖掘，找出我国幼儿园保教质量中存在的突出问题和未来需求，并提出有针对性的对策和建议。

《科学衔接——幼儿园入学准备的实践探索》

本书聚焦近年来山东省幼小衔接的探索和实践，尝试从幼小科学衔接的政策制度、体制机制、课程与教学、教师专业发展、家园共育等多个方面层层展开，秉持科学幼小衔接的原则，理论与实践相结合，系统梳理山东省幼小科学衔接的有益经验，向全国推广山东省实施科学幼小衔接的优秀做法。

《悦享劳动——幼儿劳动启蒙教育》

本书将政策、理论与实践相结合，基于山东省济南市幼儿劳动启蒙教育研究组的理论探索、济南市幼儿劳动启蒙教育实验园及部分省市幼儿园的实践检验，梳理并拓展了当前幼儿劳动启蒙教育的理论与实践体系。本书围绕实施方案和两张清单，形成理念篇、实践篇、反思篇和附录等内容，根据小、中、大班幼儿年龄特点，精选幼儿园、居家劳动典型案例，凸显引领性与实用性，旨在为广大教师和家长提供借鉴和参考，携手共促幼儿德智体美劳全面健康和谐发展。

《内生发展——幼儿园问题驱动式教研的理念与实践》

本书介绍了一种强化教研实效、助力幼儿园教师内生发展的幼儿园教研模式。书中系统阐释了幼儿园问题驱动式教研的内涵、设计技巧、流程与方法，并就幼儿园问题驱动式教研在生活活动教研、游戏活动教研、教学活动教研、课题教研、区域联合教研的应用，提出了明确的工作指引，呈现了典型的实践案例，可为新时代幼儿园教研工作如何“聚焦解决保育教育实践中的困惑和问题”提供一种实用、具体的行动参考。

《看见　回应　支持——幼儿园师幼互动的实践与反思》

本书以影响幼儿园保教质量的核心要素“师幼互动”为焦点，针对一线教师在师幼互动方面存在理解模糊、缺乏有效策略的实际问题，从梳理幼儿园师幼互动的基本理论（包括概念、内容、分类及影响因素）入手，深入探索并挖掘幼儿园一日生活各环节（生活活动、区域活动、集体教学活动、户外活动）中师幼互动应重点关注的核心要点。书中结合真实案例，基于具体情境提出便于实践操作的指导建议，旨在通过提升幼儿园师幼互动质量，持续助力教师专业成长，进而促进幼儿园保教质量的提升。

《儿童为本　师幼共创——自然化、生活化、游戏化课程体系建构与实践创新》

本书落实立德树人根本任务，立足本土实际和九年研究与实践，构建了幼儿为本、师幼共创的自然化、生活化、游戏化课程，形成课程体系、资源体系、教研体系为支柱的整体系统，保障和支持幼儿园课程体系建设与实践的落地生根，对幼儿园课程研究与实践具有重要的借鉴与启示意义。

《幼儿的力量——基于师幼互动的课程支持》

本书从幼儿立场出发，通过教师对幼儿生活的观察，分析生活中幼儿的已有经验和潜在发展点，形成支持和推动幼儿学习与发展的课程案例，梳理了有力的师幼互动对幼儿主动学习和发展的影响和意义，并探索如何通过园本教研支持有力师幼互动的形成。本书是一本儿童观察笔记，也是一本教学案例；既有课程形成的指导思想、路径，又有课程优化的保障机制。本书凝聚海南省近十年的幼儿园保教质量提升探索经验，展示了教师们的思考、探索与蜕变，明确形成科学的儿童观和保教观，充分理解和尊重幼儿，支持幼儿在游戏与生活中主动学习。

三、“丛书”的主要特点

“丛书”编写过程中力求凸显以下主要特点。

1. 科学性。

本套“丛书”组织全国多所科研院所的学前教育科研人员等成立编写组，广泛汇集多方力量，是团队合作的成果，是集体智慧的结晶。在编写过程中，编写组不仅注重深入分析全国各地幼儿园保教质量提升工作中的先进经验、问题、困惑与诉求等，深刻把握幼儿园保教质量提升面临的新问题，并根据新要求新变化提出新方法新策略；而且注重对国内外幼儿园保教质量相关政策进行系统的梳理分析，积极回应国家对幼儿园保教质量提升的科学部署和基本要求；还注重广泛借鉴国内外幼儿园保教质量提升的相关研究，积极吸收国内外优秀成果和先进经验。“丛书”力争做到政策分析具有权威性、理论研究具有前沿性、典型案例具有代表性、经验做法具有适用性、对策建议具有可行性，以期达到政策分析、理论研究与实践探讨相统一的目的。

2. 实用性。

本套“丛书”围绕幼儿园保教质量工作中存在的突出问题、具体需求、重点任务展开，深入挖掘全国各地区幼儿园保教质量实践工作中的先进经验、成功做法、典型案例、实用策略等，旨在发现问题、找准需求、分解任务、提供对策，着力解决幼儿园保教实践工作中的困惑和问题，提供针对性的对策和建议，为幼儿园保教质量提升工作提供借鉴和参考，提高园长、教师的科学保教意识和能力，促进幼儿健康快乐成长，推动幼儿园健康可持续发展。

3. 可读性。

本套“丛书”在写作上力求政策解读灵活多样、生动活泼，理论阐述层次分析、通俗易懂，政策解读准确详尽、重点突出，案例分析生动翔实、简洁清晰，注重理论通俗化、政策生动化、经验具体化、案例故事化、策略操作化，以清晰的逻辑、简明的方式直观形象地呈现内容，力争做到行文流畅、思路清晰、图文并茂、可读性强。个别分册还尝试文本、音视频并用的方式，以增强可读性、可借鉴性。

感谢南师大出版社的精心策划和细心编辑，感谢各分册主编和合作者的认真准备与辛勤付出，感谢中国教育科学研究院领导、同事对幼儿园保教质量提升研究的无私帮助和热情支持。正是由于多方的支持和共同努力，本套“丛书”才能顺利出版。

由于研究时间、精力和水平所限，疏漏在所难免，敬请同人批评指正。

高丙成

前　言

高质量的学前教育对人的终身发展具有重要的奠基作用。近年来，党和政府始终把提高质量作为学前教育改革的一项重要任务，先后出台一系列政策文件对保教质量提升进行顶层设计和系统部署。各地深入贯彻落实相关政策要求，遵循幼儿身心发展规律，坚持保教结合，着力改善办园条件和园所环境，不断完善学前教研体系，稳步提高教师专业素养，使幼儿园成为幼儿健康生活、快乐成长的摇篮。当前，我国学前教育实现了基本普及目标，迈入了全面提高质量的新阶段。为了更好地贯彻落实相关政策文件精神，梳理凝练保教质量研究工作新进展，全面总结我国幼儿园保教质量的先进经验，交流展示保教质量工作的创新做法，归纳梳理提升保教质量的思路方法，提高幼儿园科学保教水平，我们策划出版了这本《高品质发展——幼儿园保教质量提升研究》。

本书共包括五章。第一章为幼儿园保教质量的相关研究述评，重点对国内外幼儿园保教质量的内涵与要素、研究现状、评价、提升策略等相关研究成果进行了述评。第二章为我国幼儿园保教质量的政策分析，重点对中华人民共和国成立以来幼儿园安全卫生、环境创设、教育活动、教师队伍等保教质量方面的相关政策进行了分析解读。第三章为幼儿园保教质量提升的实践探索，重点对国内幼儿园课程建设、学习环境、师幼互动、教师专业发展等方面的实践探索进行了梳理总结。第四章为世界各国幼儿园提升保教质量的经验与做法，重点对国际组织和不同国家在制订质量目标和规范、提升环境创设与保育水平、改善课程与师幼互动质量、支持教师职业发展、促进家庭参与等提升幼儿园质量方面的做法和经验进行了国际比较分析研究。第五章为我国幼儿园保教质量提升的成就、问题与对策，重点对我国幼儿园保教质量提升的重要成就、面临的问题与挑战进行了梳理总结，并提出了有针对性的对策和建议。

本书组织全国多所高校教师成立编写组，广泛汇集多方力量，是团队合作的成果，是集体智慧的结晶。高丙成承担了书稿的设计策划、组织协调和实施工作，负责书稿的框架形成、修改和统稿等。各章节组织分工如下：前言由高丙成执笔；第一章由谷长伟执笔；第二章由杨大伟执笔；第三章由邹海瑞执笔；第四章由王轶晰执笔；第五章由薛飞执笔。

本书是中国教育科学研究院基本科研业务费“免费背景下学前教育高质量发展的形势与对策研究”的研究成果。感谢中国教育科学研究院领导的指导和帮助，感谢基础教育研究所的大力支持和帮助，感谢中国教育科学研究院领导、同事对幼儿园保教质量提升研究的无私帮助和热情支持，感谢各位执笔人进行了认真撰写和修改完善，感谢张莉主任和张丽琼编辑的精心策划和细心编辑。正是由于多方的支持和共同努力，本书才能顺利出版。

由于时间和水平所限，疏漏在所难免，敬请各位读者批评指正。

目　录

第一章　幼儿园保教质量的相关研究述评

进入21世纪，尤其是2010年以来，幼儿园保教质量逐步得到政府层面关注，例如2010年国务院印发《关于当前发展学前教育的若干意见》，提出建立幼儿园保教质量评估监管体系；2018年，中共中央、国务院发布《关于学前教育深化改革规范发展的若干意见》，明确指出提高幼儿园保教质量；2022年，教育部印发《幼儿园保育教育质量评估指南》（以下简称《评估指南》），突出强调幼儿园评估中的过程质量。这一系列的政策文件表明，提高幼儿园保教质量逐渐成为我国学前教育深化改革、规范发展的重要任务。

提高幼儿园保教质量，有利于增加家长对幼儿园的信任和认可，激发社会对学前教育的关注和支持，进而实现入园率的提升，促进学前教育的普及，使更多的孩子能够受益于优质的学前教育。从儿童立场出发，幼儿园保教质量与儿童的学习和发展息息相关，来自脑科学、教育学、心理学等不同领域的大量研究表明：儿童早期是大脑发展的重要时间窗口，早期经验影响和塑造大脑。① 因此，提高幼儿园保教质量，可以有效地把握儿童身心发展的关键期，为儿童的终身学习与发展奠定坚实的基础。本章将对我国幼儿园保教质量方面的已有研究进行回顾和梳理，主要内容包括幼儿园保教质量的内涵、要素、现状、评价和提升策略等。

第一节　幼儿园保教质量的内涵与要素研究

近年来，研究者围绕幼儿园保教质量的内涵与要素进行了多方面的研究。

---

① 钟秉林.发展学前教育要坚持抓好普及与提高质量并重[J].中国教育学刊，2014(3)：5.

一、幼儿园保教质量的相关概念界定

质量是教育的生命线。联合国教科文组织指出：质量是教育的核心，有质量的教育是人类基本的学习需求，能够丰富学习者的生活经验及生命历程。经济合作与发展组织（OECD）研究表明，早期教育与保育对儿童未来学习与发展的有利影响取决于保育教育的质量。[①] 高质量的幼儿园保育和教育能有效促进幼儿的健康成长和可持续发展。高质量教育首先要厘清教育质量和幼儿园保教质量的概念。

（一）教育质量

目前，学术界尚未形成教育质量的统一定义，但达成了一定的共识，即教育质量的概念是复杂的、多维的。[②] 国内学者关于教育质量概念的具有代表性的看法如下。第一，“目标—效果”说，即认为教育质量是教育目标在教育活动中的实现效果。例如，托斯坦·胡森指出“质量是指学校里进行某种教育活动的目标达到什么程度”[③]。又如《教育大辞典》中将教育质量定义为“教育水平高低和效果优劣的程度”，“最终体现在培养对象的质量上”，“衡量标准是教育目的和各级各类学校的培养目标”。[④] 第二，“特性”说，即把教育质量看作教育系统内在的诸多特性的总和，其依据通常是 ISO8402：1994 标准下的质量定义。例如，王敏提出“教育质量是教育满足个体和社会显现的和潜在的教育需要能力的特性”[⑤]。第三，“程度”说，即认为教育质量是教育满足个人和社会需要的程度。例如，陈玉琨主张“教育质量是教育系统满足社会需要的程度”[⑥]。

上述三种看法既有其存在的合理性，也有不足之处。“目标—效果”说强调教育目标对教育活动的导向作用，并且落实到学生发展这一教育的本质，但以此理解教育质量面临着许多难题，比如什么是适宜的目标、如何判断目标实现的效果达到最佳等。“特性”说的优点是相对客观，容易转化为具体的评价标准，但也未免有些死板，难以协调好不同利益主体间的关系。“程度”说富有弹性，较为灵活，但与“需要”联结在一起时就显得过于主观，不利于进行评价。

---

① 经济合作与发展组织（OECD）教育团队.强壮开端Ⅳ：早期教育与保育的质量监测[M].胡文娟，等译.北京：北京师范大学出版社，2019.

② 邱均平，艾杨.教育质量：三类概念模型的探析与启示[J].重庆大学学报（社会科学版），2016（1）：133－138.

③ [瑞典]托斯坦·胡森.论教育质量（特约稿）[J].施良方，译.华东师范大学学报（教育科学版），1987（3）：1－10.

④ 顾明远.教育大辞典（增订合编本）[M].上海：上海教育出版社，1998.

⑤ 王敏.教育质量的内涵及衡量标准新探[J].东北师大学报（哲学社会科学版），2000（2）：20－23.

⑥ 陈玉琨.教育评价学[M].北京：人民教育出版社，1999.

（二）幼儿园保教质量

幼儿园保教质量是“教育质量”的下位概念。不同的研究者基于质量的定义对幼儿园保教质量的概念做出了相对一致的界定。科里耶（Cryer，D）早前提出“托幼机构教育质量”，认为是托幼机构满足相关利益主体某种需要的特性的总和，托幼机构的质量在很大程度上取决于其满足幼儿身心发展需要的程度。① 我国研究者对幼儿园保教质量进一步做出阐述，认为保教质量是幼儿园所开展的保教活动是否满足相关主体的需要及满足需要的程度。其中，幼儿园保教质量的客体主要是指在幼儿园中开展保教活动相关的人、财、物及涉及的精神氛围，而价值主体则是指保教活动所服务的对象。如贺红芳②、倪晓③、曾晓④、彭兵⑤等一致认为幼儿园保教质量包含结构性质量、过程性质量和结果性质量。

综上，“幼儿园保教质量”的操作性定义为：幼儿园所开展的保育和教育活动是否满足幼儿发展的需要以及满足需要的程度。

二、幼儿园保教质量的构成要素研究

要素是构成事物的必要因素。保教质量在我国使用时间并不长，欧美国家则比较早地对此展开了研究。关于幼儿园保教质量的构成要素，学术界有不同的说法，有三要素说，也有两要素说。

国内学者通常认为，幼儿园保教质量由三个要素构成，分别是结构性质量（亦称条件质量）、过程性质量和结果性质量。⑥ 以《评估指南》为例，评估内容主要指向结构性质量和过程性质量两大方面，其中办园方向、教师队伍属于结构性质量；保育与安全、教育过程属于过程性质量；环境创设则有些特殊，因为包括空间设施、玩具材料两项关键指标，就内容划分看空间设施属于结构性质量，而玩具材料属于学习环境方面的内容，属于过程性质量。总体来讲，《评估指南》注重对结构性质量和过程性质量的综合与平衡，以确保幼儿园保教质量的全面提升，而在评估方式上要求“严禁用直接测查幼儿能力和发展

---

① Cryer，D. Defining and Assessing Early Childhood Program Quality. The Annals of the American Academy of Political and Social Science，1999(1)：39－55.

② 贺红芳. 幼儿园保教质量监测标准的研制——以湖南省为样本[D].长沙：湖南师范大学，2016.

③ 倪晓.贫困农村家长对幼儿园保教质量需求的调查研究——以中西部四省国家级贫困县为例[D].长沙：湖南师范大学，2019.

④ 曾晓.湘西民族地区幼儿园保教质量的现状研究[D].长沙：湖南师范大学，2017.

⑤ 彭兵.武汉市幼儿园保教质量评估与监测现状及发展对策[J].学前教育研究，2013(8)：14－21.

⑥ 李克建，等.中国托幼机构教育质量评价研究[M].北京：北京师范大学出版社，2017.

水平的方式评估幼儿园保育教育质量”，可见《评估指南》没有将保教质量评估的焦点放在结果性质量上。

在已有研究中，结构性质量是指支持幼儿学习与发展的教育资源配置，多数聚焦在师幼比、师资条件、总体物质环境以及教育行政管理事务等方面，其特点是相对容易控制和规范，便于量化评估；过程性质量则是与儿童的学习、生活经验直接相关的变量，包括课程、师幼互动、学习环境、家长参与等，具有明显的动态性和复杂性，评估难度相对较大，往往采用观察与量表相结合的评估方法[①]；结果性质量是指幼儿在幼儿园保育和教育影响下生活和学习所取得的进步，涵盖身体、认知、语言、情感、社会性等各个方面。以身体评测为例，2000 年颁布实行的《国民体质测定标准手册（幼儿部分）》，采用单项评分和综合评级进行评定。单项评分包括身高标准体重评分和身体素质单项指标评分，采用 5 分制。综合评级是根据受试者各单项得分之和确定，共分四个等级：一级（＞31 分，优秀）、二级（28—31 分，良好）、三级（20—27 分，合格）、四级（＜20 分不合格）。但当前学术界对儿童发展结果是否纳入幼儿园教育质量评价的范畴存在争议。鉴于儿童早期发展影响因素的复杂性（儿童自身、家庭、托幼机构、社区之间，宏观、中观、微观层面要素之间均存在复杂的交互作用），很难把幼儿园教育对儿童发展的作用从众多影响因素中剥离出来，因而，国际上一般从结构性质量、过程性质量两个维度来评价幼儿园保教质量，不提倡评估结果性质量[②]，但可以把结果性评价作为托幼机构教育质量效用的一个重要参照变量。近期，有研究表明，结构性质量对儿童发展存在阈值效应，过程性质量是影响儿童发展的核心因素，但是同样存在门槛效应。[③] 本章将重点分析和探讨结构性质量与过程性质量方面的已有研究。

（一）幼儿园结构性质量相关研究

结构性质量方面的研究主要涉及师幼比、师资条件和幼儿园管理。

1. 师幼比

“师幼比”是指幼儿园中的保教人员（专任教师和保育员）数量与其负责照料的幼儿的数量的比例，表述为“1∶x”，作为结构性质量要素的师幼比可分为注册的师幼比、实际的师幼比两种类型。注册的师幼比通常指国家或地方相关政策法律中规定的举办托幼

① 周欣.托幼机构教育质量的内涵及其对儿童发展的影响[J].学前教育研究，2003(C1)：34－38.
② 李克建，等.中国托幼机构教育质量评价研究[M].北京：北京师范大学出版社，2017.
③ 陈月文，刘宝根.基于科学评估的学前教育质量与儿童发展关系研究进展及其未来展望[J].学前教育研究，2023(2)：31－43.

机构应该达到的标准;实际的师幼比是幼儿园实际配备的教师与幼儿数量之比。[①] 教育部在2013年发布了《幼儿园教职工配备标准(暂行)》,该文件根据幼儿园不同的服务类型,明确规定了师幼比的不同范围:全日制幼儿园的师幼比应处于1∶7—1∶9,半日制幼儿园的师幼比应处于1∶11—1∶13。在国内学者的研究中,作为结构性质量要素的师幼比一般适用于大规模的数据统计分析,例如,在中国学前教育综合发展水平研究中,师幼比被认为是反映学前教育质量的结构性指标之一。[②]

此外,部分学者更倾向于研究体现过程性质量的在场师幼比,即班级活动中实际在场的保教人员和幼儿数量之比。已有研究表明:在集体教学中,幼儿的学习结果与参与度、教师对个体幼儿的关注度和评价的准确度都随着在场师幼比的提高而提高[③];在区域游戏中,在场师幼比的提高可以减少教师忽视幼儿的情况,增加适宜的观察和指导[④]。

2. 师资条件

师资条件是指幼儿园拥有的教师队伍的各项条件和素质要求,通常包括教师准入资格、教师专业发展、教师数量和配备比例以及教师薪酬待遇等方面。本小节主要讨论的是幼儿园教师的准入资格和专业发展。

按照现行的《中华人民共和国教师法》(以下简称《教师法》)和《〈教师资格条例〉实施办法》,中国公民获得幼儿园教师资格应当符合以下5项要求:一是遵守宪法和法律,热爱教育事业,履行《教师法》规定的义务,遵守教师职业道德;二是具备幼儿师范学校毕业及其以上学历;三是具备承担教育教学工作所必需的基本素质和能力,一般以通过教师资格考试为衡量标准;四是普通话达到二级乙等以上水平(民族地区和方言复杂地区适当降低标准);五是具有良好的身体素质和心理素质以适应教育教学工作的需要。鉴于我国尚未出台统一完善的幼儿园教师准入资格标准,有学者从"基本资历""基本素养""专业理念与情感""专业知识与能力"4个维度初步建构了《幼儿园教师职业准入标准(建议稿)》,其基本内容如下:"基本资历"维度包含4个领域,即身份、学历、教育实习和资格培训;"基本素养"维度涵盖8个领域,即身体素质、心理素质、思想品德、职业道德、教育法律法规、科学文化素养、艺术素养和语言素养;"专业理念与情感"维度包含4个领域,即职业理解与情感、幼儿观、幼儿教师观以及幼儿教育观;"专业知识与能力"维度涵盖10个领域,即幼儿发展的知识、幼儿保育和教育的知识、观察了解幼儿能力、环境创设与利用能力、一日生活组织与保育能力、游戏活动支持与引导能力、教育活动设计与实施能

---

① 刘焱,李相禹.国际视野下早期教育师幼比的规定与发展趋势[J].比较教育研究,2014(5):28-34,58.

② 刘占兰,高丙成.中国学前教育综合发展水平研究[J].教育研究,2013(4):30-37.

③ 李相禹,刘焱.师幼比对幼儿园集体教学质量影响的实证分析[J].学前教育研究,2016(5):3-14.

④ 李相禹,刘焱.师幼比对教师观察与指导幼儿区域游戏的影响[J].教师教育研究,2018(3):53-58.

力、激励与评价能力、沟通与合作能力以及反思与发展能力。上述共计 26 个领域，每个领域下都有基本要求。[①]

对于幼儿教师专业发展的内涵，国内学者多理解为幼儿教师专业素质提高的过程。例如，有学者认为幼儿教师的专业发展实际上是幼儿教师在其专业生涯中，习得幼儿教学的专门知识与技能、内化幼教专业规范、形成幼教专业精神、表现专业自主性并履行专业责任的历程；[②]也有学者认为幼儿教师专业发展是幼儿教师个体专业结构不断更新、演进和丰富的过程，是幼儿教师不断接受新知识、增长专业能力的过程。[③] 这些定义之所以不尽相同，是因为幼儿教师应具备哪些专业素质的问题尚未完全明晰。2012 年教育部颁布《幼儿园教师专业标准(试行)》(以下简称《专业标准》)，尝试厘清和解决这一问题。《专业标准》的基本内容构架包含了专业理念与师德、专业知识和专业能力 3 个维度、14 个领域、62 条基本要求，其突出特征是特别强调幼儿园教师的师德与专业态度、要求幼儿园教师高度重视幼儿的生命与健康、充分体现幼儿园保教结合的基本特点、强调幼儿园教师必须具备的教育教学实践能力以及重视幼儿园教师的反思与自主专业发展能力。[④] 然而，《专业标准》仍然有待完善，在今后的修订过程中应注意增强“具体性”与“可操作性”，尊重幼儿园教师专业发展不同阶段的差异性以及补充尊重各地方民族文化的相关条目。[⑤]

3. 幼儿园管理

幼儿园管理是在促进幼儿发展的目标引导下，以决策、组织、控制、激励等手段促进幼儿园各项工作顺利开展的活动。[⑥] 在本小节中，幼儿园管理专指幼儿园的内部管理，换言之，就是合理地组织利用园内资源，调动各方面的积极性，以保证保教工作正常、高效地开展，而不是教育行政部门对幼儿园的管理。教育部于 2016 年颁布的《幼儿园工作规程》规定了幼儿园的管理制度和运行要求，具体内容如下：实行园长负责制，并建立园务委员会；加强党组织建设，发挥其政治核心作用；加强民主管理和监督，建立教职工大会制度或教职工代表大会制度；此外，幼儿园还应建立教研制度、制订年度工作计划、接受上级部门的检查和督导，并确立各项管理制度，如业务档案，财务管理，人员奖惩，安全管理，与家庭、小学联系，以及寒暑假期间教师轮流休假等。《中华人民共和国学前教育法

---

① 李小球，郭铁成，姜协武，等.《幼儿园教师职业准入标准》的初步建构[J].教育科学，2014(4)：47-54.

② 郭海燕.农村幼儿教师专业发展的现状研究——以江西省万安县农村幼儿教师专业发展为例[D].重庆：西南大学，2006.

③ 肖杰.幼儿教师专业发展研究[J].教育探索，2011(6)：112-113.

④ 庞丽娟.《幼儿园教师专业标准》的研制背景、指导思想与基本特点[J].学前教育研究，2012(7)：3-6.

⑤ 郭园园，段青如，姜勇.《幼儿园教师专业标准(试行)》政策文本评价[J].学前教育研究，2015(9)：26-34.

⑥ 刘颖，虞永平.幼儿园管理质量与班级课程实施质量的关系：一个跨层次中介模型[J].学前教育研究，2023(4)：1-12.

(草案)》第三十六条(内部管理)为幼儿园管理提供了法律意义上的基本规范,除了重申实行园长负责制、建立教职工大会制度或教职工代表大会制度两项要求,还要求幼儿园应当设立家长委员会,家长委员会参与幼儿园重大事项决策、日常管理与监督。

(二) 幼儿园过程性质量相关研究

幼儿园过程性质量方面的研究包括课程、师幼互动、学习环境和家长参与等。

1. 课程

自新中国成立以来,我国学者对幼儿园课程认识的变化主要有以下几种:幼儿园课程重心由重物到重人的转变,将课程指向幼儿的整体发展;幼儿园课程本质观由静态走向动态,从把课程理解为静态的学科知识、内容到把课程理解为动态的活动,幼儿的学习活动,幼儿园所有活动的总和;确立了以促进幼儿身心和谐发展为目的的价值取向;幼儿园课程的涵盖性有所增强。① 为了全面反映以上这些变化,本小节采用冯晓霞教授对幼儿园课程的定义,即幼儿园课程是指帮助幼儿获得有益的学习经验,促进其身心全面和谐发展的各种活动的总和。②

在中国学前教育研究会编制的《走向优质——中国幼儿园教育质量评价标准》中,子质量领域"课程促进"包含 2 个质量维度,即幼儿园课程编制维度和幼儿学习与发展促进维度;其分为 9 个项目,即课程领导、课程设计、课程实施、课程评价、健康、语言、社会、科学和艺术。③ 杜继纲等对我国四省幼儿园课程质量评价指标进行社会网络分析,发现幼儿园课程质量评价结构包含教育教学评价和儿童发展评价两个部分,分为课程设置,活动内容与实施,教育目标,教育评价,健康领域发展评价,语言、科学、艺术领域发展评价,社会领域发展评价和学习品质 8 个维度。④ 综合来看,我国学者的研究和各省市的学前教育质量评估标准对幼儿园课程质量的评价可以划分为两大模块:一个模块是对课程编制要素的评价,包括课程的目标、内容、实施、评价等;另一个模块是对课程促进幼儿发展水平的评价,联系着五大领域和学习品质的发展。

2. 师幼互动

从早期教育的年龄阶段来看,广义上的师幼互动既包括发生在托儿所的教师与 3 岁前幼儿之间的互动,也包括发生在幼儿园的教师与 3—6 岁幼儿之间的互动;狭义上的师幼互

---

① 虞永平,张帅.从模仿借鉴到规范创新——新中国成立 70 年来幼儿园课程的发展[J].南京师大学报(社会科学版),2019(6):34-48.

② 冯晓霞.幼儿园课程[M].北京:北京师范大学出版社,2000.

③ 原晋霞.我国幼儿园课程质量现状探索与提升建议[J].学前教育研究,2021(1):43-56.

④ 杜继纲,蔡冠宇.我国幼儿园课程质量评价指标分析[J].中国教育学刊,2022(1):74-78.

动专指发生在幼儿园的教师与3—6岁幼儿之间的互动。[①] 本小节讨论的是狭义的师幼互动。许多国内学者对师幼互动概念的界定都指向一日活动中师幼双方的相互影响和相互作用。卢乐珍认为，师幼互动是指幼儿教师与幼儿之间相互作用、相互影响的行为及其学习环境动态过程；[②]叶子提出，师幼互动是指在教师与幼儿之间发生的各种形式、性质和程度的相互作用及影响；[③]黄娟娟认为，师幼互动是指在幼儿园一日生活各环节中，教师和幼儿之间发生的各种形式、性质、程度的心理交互作用或行为的相互影响；[④]秦元东认为，师幼互动是指在幼儿园一日生活各环节中，教师与幼儿之间以师幼接触为基础的双向人际交流。[⑤]

美国的课堂互动评估系统（The Classroom Assessment Scoring System，CLASS）适用于评估从学前到12年级教室中的师生互动以及课堂质量，在国内师幼互动评估中使用最为广泛，其评估内容包括情感支持（Emotional Support）、课堂组织（Classroom Organization）和教育支持（Instructional Support）三大领域，情感支持领域评估教师和学生之间以及学生同伴之间的积极和消极互动的程度，课堂组织领域评估教师主动管理学生行为的能力、有效利用学习时间的能力以及在教学过程中保持学生注意力和积极参与的能力，教育支持领域主要评估教师在促进学生分析思维能力、提供反馈以强化教学能力和促进语言发展等方面教学技巧的使用情况。[⑥] 我国学者应用CLASS工具进行研究的主题包括：对工具的评介与修订，进行不同类型活动、不同类型教师的师幼互动质量评估以及探讨师幼互动质量与幼儿发展的关系。[⑦]

3. 学习环境

所谓学习环境，是指促进学习者发展的各种支持性条件的统合。[⑧] 幼儿园学习环境指的是幼儿园通过物质环境创设与利用、心理氛围营造来满足幼儿身心发展需求，进而支持幼儿学习与发展的过程。[⑨] 幼儿园的学习环境侧重于提供有益于幼儿学习和发展的空间和条件，而总体物质环境则强调整个幼儿园的基础设施和场所布局，确保园舍的安全、卫生、通风等方面符合标准和规范。

---

① 刘晶波.师幼互动行为研究：我在幼儿园里看到了什么[M].南京：南京师范大学出版社，1999.

② 卢乐珍.关于“师幼互动”的认识[J].早期教育（教师版），1999(4)：28－29.

③ 叶子.师幼互动的内容分布及其特征[J].幼儿教育（教育教学），2009(3)：10－12.

④ 黄娟娟.师幼互动类型及成因的社会学分析研究——基于上海50所幼儿园活动中师幼互动的观察分析[J].教育研究，2009(7)：81－86.

⑤ 秦元东.师幼互动过程的探析及其启示[J].幼儿教育，2000(C1)：12－13.

⑥ 刘秀丽，刘航，朱宇宁.师幼互动质量评价工具的述评及其对幼儿教育的启示[J].东北师大学报（哲学社会科学版），2021(3)：156－164.

⑦ 吴琼，樊俊杰.CLASS工具在我国学前教育研究中的应用及建议[J].现代教育科学，2020(4)：150－156.

⑧ 钟志贤.论学习环境设计[J].电化教育研究，2005(7)：35－41.

⑨ 侯莉敏，罗兰兰，吴慧源.幼儿园学习环境质量与幼儿发展结果的相关分析及其阈值效应[J].学前教育研究，2021(1)：29－42.

刘焱等编制的《幼儿园教育环境质量评价量表》从物质环境创设、人际互动、生活活动和课程4个领域对幼儿园学习环境进行评价。① 美国的《幼儿学习环境评量表(修订版)》(ECERS-R),作为世界各国广泛使用的学前教育评价量表,对空间和设施、个人日常照料、语言—推理、活动、互动、作息结构、家长和教师七方面内容进行评估。② 2019年《北京市幼儿园办园质量督导评估办法(试行)》从精神环境和物质环境两个维度评估幼儿园环境创设,精神环境的含义是幼儿园为幼儿营造的精神氛围,物质环境则是指户外设施及游戏材料,室内玩教具的配备、投放等情况。综上所述,幼儿园学习环境的内容覆盖面非常广泛,课程、师幼互动等要素甚至都能够被纳入其中,但核心内容可归纳为物质环境与心理环境的创设和利用。

4. 家长参与

国内家长参与学前教育有广义与狭义之分。广义的家长参与学前教育不但是指经过正规教育机构熏陶的家长自觉的教育行为,而且包括家长和幼儿之间的互动。狭义的家长参与学前教育的内涵指向两个方面:一是家长以各种方式参与幼儿园的教育活动,同时幼儿园营造有利于家长参与的氛围;二是幼儿园教育活动在家庭的延伸或在幼儿园的影响下家长在家庭中对孩子的教育行为。③

刘倩倩和李晓巍在我国学前儿童家长群体中对约翰·凡图佐(John Fantuzzo)等人编制的父母参与问卷(缩减版)进行了本土化修订,从家园沟通、在园参与、在家参与3个维度来测量家长参与,兼顾家庭、学校两种不同场所中的家长参与,全面考察家长促进学前儿童发展的多种行为。④《走向优质——中国幼儿园教育质量评价标准》(以下简称《优质标准》)中的“家园社区协同”质量领域下将家长参与划分为家园沟通和家园合作两个项目:家园沟通是指幼儿园与家庭之间保持双向交流,互通有关幼儿园、班级和幼儿的信息,交流彼此看法,形成共识,包括班务沟通、幼儿情况沟通2个子项目;家园合作是指幼儿园向家长宣传科学育儿理念和知识,指导家长创设良好的家庭教育环境,同时家长参与幼儿园的教育和管理,家园双方协商,共担教育责任,包含家长参与和支持、家庭教育指导2个子项目。⑤ 总的来说,国内学者一般从家园沟通、家园合作或家园共育的视角来衡量家长参与学前教育的程度。

---

① 刘焱,潘月娟.《幼儿园教育环境质量评价量表》的特点、结构和信效度检验[J].学前教育研究,2008(6):60-64.

② 胡碧颖.幼儿园学习环境质量评估对全纳教育的启示[J].中国特殊教育,2010(9):9-15.

③ 寇丽娟.我国学前教育领域的家长参与状况[J].学前教育研究,2005(C1):99-100.

④ 刘倩倩,李晓巍.父母参与问卷(缩减版)在学前儿童父母群体中的修订[J].中国临床心理学杂志,2019(1):49-53.

⑤ 席春媛,任丽欣.家园社区协同质量现状、类别及其与幼儿发展的关联[J].学前教育研究,2023(4):57-68.

第二节　幼儿园保教质量的现状研究

幼儿园保教质量提升是学前教育事业优质持续发展的基本前提，但一直以来学前教育的发展都不甚理想。我国各个时期提出的学前教育发展规划和改革都未能彻底实现，使得当前学前教育事业发展中存在诸多亟待解决的问题。2012 年以来，随着国家投入力度的加大以及学前教育多项政策的推出，学前教育迅速发展，研究者的视角也更加聚焦于幼儿园的保教质量，基于大数据分析的研究也逐渐多了起来。已有研究表明，我国幼儿园保教质量总体水平提升明显，结果性质量逐年提升，但过程性质量发展不均衡；保教质量表现出明显的地区差异、城乡差异和办园体制差异。

一、幼儿园保教质量总体趋势向好

刘占兰经过对 11 省市的实证调查，认为我国幼儿园基本拥有良好的物质环境，教师队伍年轻化，显示出一定的专业化倾向，幼儿园半日活动内容全面，操作实践成为幼儿的主要学习方式，但同时也存在材料的提供不适合幼儿的发展需求，课程随意性大，过分强调特色，没有保证幼儿学习内容的均衡，教师倾听和关注幼儿少等问题。① 蒋路易等通过对 2009—2017 年我国 14 省市 892 名幼儿园教师的 18 篇基于 CLASS 评价工具的师幼互动质量研究进行元分析，发现我国师幼互动质量整体上处于中等水平，与其他国家一样呈现出“情感支持得分较高，教育支持得分较低”的特点。② 教育部在 2020 年全国教育事业发展情况报告中提出，我国学前教育规模大幅增长的同时，教师队伍配置状况持续改善，生师比进一步下降，教师学历层次和专业化水平有所提升。原晋霞对我国 5 省区 100 所幼儿园进行课程质量数据采集和评价，得出的结论是我国幼儿园课程质量总体处于合格水平，在课程编制维度下，课程设计得分最高；其次为课程实施和课程领导；课程评价的得分最低，濒临不适宜的水平。③ 吴琼运用描述性统计分析、多因变量方差分析和多元回归分析等方法，对当前我国幼儿园师资保障质量进行评价，发现我国幼儿园师资

① 刘占兰.我国幼儿园教育质量的现状——与 1992 年幼儿园质量状况比较[J].学前教育研究，2012(2)：3 - 10.

② 蒋路易，郭力平，吕雪.CLASS 视角下师幼互动研究的元分析——基于中国 14 省市 892 名教师的师幼互动质量评估结果[J].学前教育研究，2019(4)：32 - 44.

③ 原晋霞.我国幼儿园课程质量现状探索与提升建议[J].学前教育研究，2021(1)：43 - 56.

保障质量总体上不容乐观，工资待遇质量较差，能力建设和师资配备质量一般，只有教师伦理质量较好。①

根据上述研究或报告的结果可知，我国幼儿园保教质量的总体变化呈现逐渐提升趋势，并且整体水准目前基本上能够达到及格线，仍有很大的改善空间。然而，不同要素质量水平的发展进程并非协同一致的，硬件设施、师幼比等结构性要素的质量水平整体上高于课程、师幼互动等过程性要素的质量水平，因此注重保教过程质量将成为未来我国幼儿园保教质量研究的立足点和突破口。

二、幼儿园保教质量的差异分析

从已有研究来看，我国的幼儿园保教质量存在一个显著的现实特征——差异性，其主要表现为以下三个方面。

（一）地区差异

崔方方和洪秀敏依据毛入园率、生师比、专科及以上学历教师所占比例和生均教育经费指数四项指标，对 2008 年我国 31 个省区学前教育发展数据进行聚类分析，发现我国学前教育发展存在区域不均衡状况，表现为中西部地区毛入园率低、幼儿教师数量和质量参差不齐等。② 刘占兰和高丙成关于中国学前教育综合发展水平研究中的部分统计计算结果显示，2003—2010 年东部地区的入园率和师幼比明显高于中、西部地区和全国平均水平，专科以上学历教师比例东、中、西部地区没有明显的差异。③ 田园园对 15 个省市的一期和二期学前教育三年行动计划进行比较和文本分析，结果显示东部、中部和西部地区的学前教育发展方向存在一定差异，东部地区特别是发达省市更关注办园水平和整体质量的提高，中西部地区的首要工作是解决学前教育发展的基本问题，再兼顾质量的提升。④ 中国发展研究基金会发布的《中国西部学前教育发展情况报告》指出，在我国推行了 3 期"学前教育三年行动计划"后，仍有不少西部省份或自治区如内蒙古、新疆、西藏、云南、青海等仅实施了两期。与东部、中部相比，西部地区幼儿园在办园规模、办园条

---

① 吴琼.我国幼儿园师资保障质量评估与提升策略[J].学前教育研究，2021(1)：57－66.

② 崔方方，洪秀敏.我国学前教育发展区域不均衡：现状、原因与建议[J].教育发展研究，2010(24)：20－24.

③ 刘占兰，高丙成.中国学前教育综合发展水平研究[J].教育研究，2013(4)：30－37.

④ 田园园.我国区域学前教育发展现状及发展方向的比较研究——基于 15 省市的学前教育三年行动计划的文本分析[J].陕西学前师范学院学报，2017(4)：13－19，29.

件、办园水平等方面还存在较大差距和诸多问题。①

以上学者的研究样本覆盖面大，聚焦于对结构性质量相关要素的量化统计分析与学前教育政策文本的内容挖掘，能够在一定程度上反映出我国不同地区（东部、中部、西部）的幼儿园保教质量存在较为明显的差异性，东部地区幼儿园的保教质量整体优于中、西部地区幼儿园，差异产生的原因主要有地区经济发展水平、教师资源配置、政策措施等。现有研究的局限在于较少采用定量与定性相结合的混合研究设计，没有结合问卷调查、访谈和观察等多种方式收集各地区数据以及未能深入揭示影响不同地区幼儿园保教质量产生差异的文化因素，比如不同地区文化环境中人们的质量价值取向。

（二）城乡差异

胡彩云对河北省唐山市 4 个区的 17 所幼儿园的教育环境现状进行了质量评定，结果表明，城、乡幼儿园在师幼比、物质环境以及过程质量上的差距很大，教育环境质量发展不均衡。② 罗妹、李克建以东、中、西部 8 个省份 428 个幼儿园班级为样本，检视城镇化程度不同的四类地区（城区、县城、乡镇中心、村）的幼儿园教育质量差距，结果发现城乡幼儿园教育质量差异显著，城镇化水平越高的地区，幼儿园教育质量越高，反之亦然。③张玲等根据基尼系数对我国"十二五"期间城乡学前教育发展的均衡程度进行综合测算评估，评估结果为：虽然各指标（除教育投入）城乡差异呈减少趋势，但在保教质量公平指标上，城乡师资力量差距悬殊，办园条件差距明显。④ 宋映泉等以华北某县为例，分析了县域内儿童发展、幼儿园质量城乡差距及其随时间变化的趋势，其结果表明：县镇儿童总体发展水平及多个发展领域显著高于乡村儿童；在儿童发展的大多数领域，没有证据显示城乡差距有显著扩大的趋势；县镇园在大多数结构性和过程性指标上都显著高于农村园，同时没有证据显示幼儿园过程性质量城乡差距鸿沟有显著扩大的趋势。⑤

综合来看，这些学者的研究都凸显了城乡幼儿园保教质量差异的问题，并在城市化、教育投入、师资力量等方面探讨了差异产生的原因。这些观点为理解城乡教育差距以及制定改进城乡幼儿园保教质量的政策提供了重要参考。今后城乡幼儿园保教质量差异

---

① 卢迈，方晋，杜智鑫，等.中国西部学前教育发展情况报告[J].华东师范大学学报（教育科学版），2020(1)：97－126.

② 胡彩云.唐山幼儿园教育环境质量现状分析与改善[J].学前教育研究，2013(8)：9－13.

③ 罗妹，李克建.基于全国 428 个班级样本的学前教育质量城乡差距透视[J].学前教育研究，2017(6)：13－20.

④ 张玲，裴昌根，陈婷.我国学前教育城乡均衡发展程度的测评研究——基于基尼系数的实证分析[J].西南大学学报（社会科学版），2020(2)：96－106，193.

⑤ 宋映泉，康乐，张晓，等.城乡儿童发展与幼儿园质量差距：以华北某县为例[J].北京大学教育评论，2020(3)：32－59，187－188.

研究一方面可能需要更多地关注城乡幼儿园的文化背景和家长的教育观念，探究不同文化因素对城乡幼儿园保教质量的影响；另一方面要多开展关于因地制宜的保教活动如何有效缩小城乡幼儿园保教质量差距的实证研究，为促进城乡幼儿园保教质量均衡发展提供有力支持。

（三）办园体制差异

已有文献对办园体制类型的划分并不统一，但国内学者对于幼儿园保教质量的办园体制差异的研究，大致经历了一个转折的过程，由对比公办性质园和民办性质园的差异逐渐转向对于普惠性幼儿园的讨论。刘焱等通过对山西省26所幼儿园的50个班级的调查，发现不同办园体制的幼儿园都有可能提供高质量的班级教育环境；教办园班级的教育环境质量明显优于其他类型的幼儿园；民办园的总体水平处于乡镇园与教办园之间，但内部差异较大。① 秦旭芳等人的研究反映了不同办园体制下幼儿教师的生存状态，教育部门及机关事业单位办幼儿园教师的生存状态相对最好，部队办幼儿园次之，企业办幼儿园和公民个人办幼儿园最差。② 秦金亮等人的研究表明，公办、民办幼儿园的师幼互动质量存在显著差异。③ 洪秀敏等人的研究表明，从结构性质量来看，普惠性幼儿园三分之一的班级师幼比尚未达标；大班额依然存在，教师学历基本在大专及以上，但仍有超四分之一的教师无职称，教龄结构偏于年轻化；从过程性质量来看，师幼互动质量总体处于中等偏下水平，教学支持尤为薄弱。④ 王艺芳等选取全国5 224名教育行政人员、幼儿园教师和家长进行主观认可度与满意度调查，并采集相关客观教育统计数据，得到的结论是我国普惠性学前教育公共服务取得了显著进展，但服务的普及、实惠、均衡程度依然不高。⑤

上述这些研究集中揭示了幼儿园保教质量与不同办园体制之间的复杂关系，不同办园体制会对幼儿园保教质量产生间接的影响，影响发生的中介往往是教育经费投入和师资条件等结构性质量要素。因此，建议开展对于不同体制幼儿园财政经费投入产出效率的相关研究，明晰当前财政投入的边际效益如何，做到“把钱花在刀刃上”，以促进公益普惠性学前教育事业高质量发展。

---

① 刘焱，李志宇，潘月娟，等.不同办园体制幼儿园班级教育环境质量比较[J].学前教育研究，2008(8)：7－11.

② 秦旭芳，孙雁飞，谭雪青.不同办园体制下幼儿教师的生存状态[J].学前教育研究，2011(10)：28－33.

③ 秦金亮，高孝品，王园，等.不同办园体制幼儿园的师幼互动质量分析[J].教育研究与实验，2017(1)：25－29，36.

④ 洪秀敏，朱文婷，钟秉林.不同办园体制普惠性幼儿园教育质量的差异比较——兼论学前教育资源配置质量效益[J].中国教育学刊，2019(8)：39－44.

⑤ 王艺芳，姜勇.我国普惠性学前教育公共服务发展水平的测评与分析[J].湖南师范大学教育科学学报，2022(4)：16－24.

第三节　幼儿园保教质量的评价研究

幼儿园保教质量评价标准是衡量、判断被评幼儿园在具体质量要素维度上的实际表现与期望的符合程度的尺度或准则，表达的是对被评幼儿园的保教质量应当达到什么水准的期望。评价是比较和测量活动，评价标准就是比较的尺度。运用不同的保教质量评价标准所测量出的高质量的幼儿园可能会有所不同，评价标准决定了评价的结果。提升幼儿园保教质量水平，需要从评价标准、评价指标和评价工具三个方面开展。

一、幼儿园保教质量的评价标准研究

适宜的评价标准在幼儿园保教质量评价活动中起着举足轻重的作用。刘焱教授阐明了托幼机构教育质量的四类评价标准，即从业人员素质标准、工作人员职责标准、效率标准和效果标准：从业人员素质标准是从业人员承担或完成托幼机构教育工作任务的条件，通常包括就业资格、专业经验等；工作人员职责标准是对工作人员履行所承担的任务的要求，例如在一日生活的各个环节中教师应该做什么和应该怎么做的规定，直接影响幼儿的综合发展；效率标准以投入产出比例为依据评价工作绩效，主要考虑资源利用情况，例如玩教具的使用率、户外大型器械的保养状况等；效果标准关注托幼机构教育工作的结果，主要包括儿童发展、为家长服务和幼儿入学适应情况等方面。[①] 此外，刘焱教授还指出，在由不同的人或团体所制定的托幼机构教育质量评价标准中，对于以上四类评价标准的运用程度不同。彭兵赞同以上四类标准，并指出武汉市的评价标准存在着直接套用《幼儿园教育指导纲要(试行)》《幼儿园工作规程》原话的现象，导致标准抽象，可操作性较差。[②] 贺红芳同样主张一套好的保教质量评估标准应包含上述四类标准，并发现我国各省颁发的幼儿园保教质量评估标准较为注重效果标准和从业人员素质标准，对工作人员职责标准和效率标准缺乏关注。[③] 潘月娟认为，我国幼儿园教育质量的评估标准正在走向整合，由区别对待转向连续统一，例如北京市政府于 2018 年颁发的《关于进一步加强学前教育管理的意见》提出“全面整合各类幼儿园评价标准和评价方式”，率先尝

① 刘焱.试论托幼机构教育质量评价的几个问题[J].学前教育研究，1998(3)：14-17.

② 彭兵.武汉市幼儿园保教质量评估与监测现状及发展对策[J].学前教育研究，2013(8)：14-21.

③ 贺红芳.幼儿园保教质量评估标准：审视与展望[J].教育导刊(下半月)，2018(4)：62-65.

试探索采用统一标准评估管理各类幼儿园教育质量。[①]

综上所述，当前多数学者认同刘焱教授提出的托幼机构教育质量的四类评价标准，而未来幼儿园保教质量评价标准将朝着整合统一的方向发展。整合幼儿园保教质量评价标准就是将幼儿园保教质量的各个要素有机地组织在一起，形成一个有价值的整体。在整合的过程中，首先应当全面把握和落实《评估指南》的核心要义，贯彻党的教育方针，聚焦幼儿园保育教育过程质量及影响保育教育质量的关键因素，同时还要关注不同利益相关者视角下的幼儿园保教质量评价标准，充分发挥地方政府和幼儿园自身的评价改革自主权。地方政府可以根据自身实际，在保证执行《评估指南》的前提下制定符合本地区实际的幼儿园保教质量评价标准，幼儿园则可以根据自身需要，广泛听取教师、幼教干部、教研员等各方的建议，制定切合本园特点的保教质量评价标准。

二、幼儿园保教质量的评价指标研究

评价标准更多地提供了一个整体性的框架，指导我们如何对幼儿园的保教质量水平进行评判，而评价指标则是一些具体的、可测量的变量，用来衡量、评估幼儿园保教质量水平的具体表现。国内学者多主张将评价指标系统化，构建幼儿园保教质量评价指标体系。高丙成依据我国幼儿园教师队伍建设的主要目标和督导要求，参照我国教育统计与评价指标体系，结合国内外已有的相关研究成果，构建了我国幼儿园师资队伍状况评价指标体系。[②] 杨莉君等从结构性质量、过程性质量、结果性质量三个维度建构幼儿园保教质量评估指标体系，并且进行了科学的统计检验，认为过程性指标的权重系数相对更大。[③] 马锦华等运用质性与量化相结合的研究方法对 27 个省市的幼儿园质量评估指标进行对比分析，其结果是：各省市评估指标除课程体现区域差异外，其他维度均未体现区域差异；多数评估指标关注的是园所设施、物质条件等结构性质量指标；对师幼关系、教师教科研、教师评价、家长参与、幼儿发展等过程性质量因素关注不够。[④] 王萍等在运用文献分析法、问卷调查法和访谈法构建幼儿园区域活动质量评价初始指标的基础上，采用德尔菲法和主成分分析法对指标体系进行修订和权重计算，最终形成了幼儿园区域活动质量评价指标体系。[⑤]

---

① 潘月娟.我国幼儿园教育质量评估制度的演化变迁与优化建议[J].中国教育学刊，2022(11)：60－64.
② 高丙成.我国幼儿园师资队伍状况评价指标体系的建构与运用[J].学前教育研究，2014(12)：29－35.
③ 杨莉君，贺红芳.幼儿园保教质量评估指标体系建构研究[J].教师教育研究，2017(5)：81－88.
④ 马锦华，陈园园，李晓宁.幼儿园教育质量评估指标体系比较及其启示[J].教育研究与实验，2019(5)：76－82.
⑤ 王萍，陈万针.幼儿园区域活动质量评价指标体系的构建与初步应用[J].学前教育研究，2022(12)：55－74.

构建评价指标体系，可以使幼儿园保教质量评价更加客观、全面、准确，也便于教育行政部门进行管理和监督。但具体来看，不同的学者对构建什么样的评价指标体系并未达成共识，不同体系的内容之间存在一定的差异，这可能会造成实际评价过程中的分歧。因此，在《评估指南》已经出台的背景下，应当结合《评估指南》中的内容和指标，以科学的方法构建一套协调统一的幼儿园保教质量评价指标体系。"协调统一"不是指在评价幼儿园保教质量时，各地区所采用的评价指标内容完全相同，而是指在明确重要且富有共性的评价指标的基础上，按照各地区幼儿园的实际情况，选择性地增加、删除或修改评价指标，确保全国范围内对幼儿园保教质量的评价既具有内在一致性，也兼顾个性化需求。协调统一的幼儿园保教质量评价指标体系有利于以评促建，切实提高幼儿园保教质量的整体水平，促进各地区之间的经验交流和借鉴，从而更好地满足家长和社会的需求。

三、幼儿园保教质量的评价工具研究

有学者从评价单位的视角提出，近四十年来学前教育质量评价工具经历了从园所总体保教质量评价工具，到班级保教过程质量评价工具，再到个体微观学习过程质量评价工具的代际演进过程。[①] 我国具有代表性的幼儿园保教质量评价工具集中于这一演进过程中的前两类工具，具体介绍如下。

（一）园所总体保教质量评价工具

此部分简要介绍两种评价工具：中国学前教育研究会研发的《优质标准》和教育部发布的《评估指南》。

《优质标准》包含 5 个质量领域、28 个评价项目，具体包括：管理引领（6 个项目）、环境支持（5 个项目）、课程促进（9 个项目）、师资保障（4 个项目）以及家园社区合作（4 个项目）。每个项目由若干个子项目组成，每个子项目又包含了若干个不同等级的精细评价指标，总共包含 80 个子项目、880 个精细指标。《优质标准》已经被证明具有良好的信效度，是适用于我国幼儿园教育情境的有效评估工具。[②]

《评估指南》坚持以促进幼儿身心健康发展为导向，聚焦幼儿园保育教育过程质量，评估内容主要包括 5 个方面，15 项关键指标：一是办园方向，包括党建工作、品德启蒙和科学理念等 3 项关键指标；二是保育与安全，包括卫生保健、生活照料、安全防护等 3 项

---

① 李克建，陆浩.学前教育质量评价工具的演进路径与未来趋势[J].学前教育研究，2023(2)：1－11.

② 陈德枝，李克建，周兢.《走向优质——中国幼儿园教育质量评价标准》的测量学属性分析——基于我国 100 所幼儿园与 1 670 名儿童的测评数据[J].学前教育研究，2021(1)：3－16.

关键指标；三是教育过程，包括活动组织、师幼互动和家园共育等 3 项关键指标；四是环境创设，包括空间设施、玩具材料等 2 项关键指标；五是教师队伍，包括师德师风、人员配备、专业发展和激励机制等 4 项关键指标。每项关键指标都有对应的考查要点，总共有 48 个考查要点。《评估指南》的突出特点是"重视办园方向，落实教育方针；关注人的发展，体现人文关怀；注重过程质量，提升保教专业性；引导评价转型，旨在改进提高"①。

（二）班级保教过程质量评价工具

此部分简要介绍三种评价工具：中央教育科学研究所学前教育研究室开发的幼儿园教育质量评价工具、刘焱等编制的《中国幼儿园教育质量评价量表》和李克建团队编制的《中国托幼机构教育质量评价量表》。

中央教科所学前教育研究室开发的幼儿园教育质量评价工具是由 10 个不同方面的评价工具构成的，工具一到工具十分别是幼儿园总体状况访谈、幼儿班级状况考察评定、教师对幼儿半日活动安排的观察、幼儿活动观察、教师行为观察、师幼互动观察、幼儿发展测评、教师教育观念与行为意识访谈、幼儿家庭与教养状况访谈以及区（县）幼教状况访谈。使用这套评价工具，既可以全面评价某个幼儿园、某个地区的幼儿园教育质量，也可以评价幼儿园教育质量的某个或某些方面，兼具全面性与灵活性。②

刘焱等编制的《中国幼儿园教育质量评价量表》历经两次迭代，共有 3 个版本。第一版量表于 2007 年研制完成，在 2009 年开展"学前一年教育纳入义务教育的条件保障研究"时，形成了适用范围更广的第二版《中国幼儿园教育质量评价量表（城乡版）》。2015 年起，研究团队对第二版进行修订，形成了第三版《中国幼儿园教育质量评价量表（城市版）》。考虑到量表的时效性，在此只介绍第三版量表。第三版量表的信度良好，包含 5 个子量表，每个子量表下又细分为不同方面的评价内容及其对应指标，具体情况如下：一是环境的创设与利用子量表，涵盖户外游戏活动环境和幼儿班级环境 2 个方面，共 21 个指标；二是一日生活的组织与保育子量表，涵盖作息安排与安全看护、进餐、盥洗和饮水、午睡 4 个方面，共 17 个指标；三是游戏活动的支持与引导子量表，涵盖各区域游戏材料、游戏材料的安全存放与更新、游戏活动的观察与指导 3 个方面，共 17 个指标；四是教育活动的计划与实施子量表，涵盖健康、语言、社会、科学、艺术和集体教学活动 6 个方面，共 22 个指标；五是人际互动子量表，涵盖保教人员与幼儿的互动、保教人员之间的互动、保教人员与家长的互动 3 个方面，共 8 个指标。③

---

① 刘占兰.《幼儿园保育教育质量评估指南》引领学前教育踏上质量提升新征程[J].上海托幼，2022(4)：10－12.

② 中央教育科学研究所学前教育研究室.幼儿园教育质量评价手册[M].北京：教育科学出版社，2009.

③ 刘焱.中国幼儿园教育质量评价量表(城市版)[M].北京：北京师范大学出版社，2019.

李克建团队编制的《中国托幼机构教育质量评价量表》也有 3 个版本。经过测量学特性检验，第三版量表在各项信效度指标上表现出色，总体上优于前两个版本，故在此仅介绍第三版量表。第三版量表是为中国的托幼机构教育质量评价而研发的班级观察量表，包含空间与设施、保育、课程计划与实施、集体教学、游戏互动、人际互动、家长与教师 7 个子量表，子量表之下逐层划分为 53 个评价项目、160 个子项目和 1 127 个精细指标。尽管该量表在样本数据、效度证据等方面还存在一些局限，但它已经是中国社会和文化背景下托幼机构教育质量的有效测评工具。①

从理论上讲，某一事物的现状、评价和提高策略之间存在密切的关联。全面、客观的评价可以准确地把握现状的特征和问题，从而确定改进现状的具体方向和方法。换言之，现状、评价、提升策略之间会形成一个循环往复的过程，通过不断评价、改进和再评价来推动事物的持续发展。因此，评价研究在幼儿园保教质量的相关研究里起到了中流砥柱的作用。纵观国内的幼儿园保教质量评价研究，评价标准和评价指标趋向体系化，评价工具越来越科学化，并且都建立在我国国情的基础上，但依然暴露出实践困境。破除这一难关，需要从以下三个方面着手考虑。首先是评价观念。一个人的观念或信念会影响他对于某种行为的态度和看法，进而影响他是否选择去实施这种行为，所以树立正确的保教质量评价观是重中之重。在《评估指南》的引导下，树立正确的保教质量评价观就是注重保教过程性质量，认真考察幼儿园保教活动和环境中发生的真实事件。其次是评价主体。我国幼儿园保教质量的评价主体可分为幼儿园外部的教育行政监督部门和幼儿园内部的园长、保教主任、教研组长等。由单一主体进行评价很可能产生偏见或误判，为此要倡导构建幼儿园保教质量评价共同体，促使不同评价主体之间、评价主体与被评价者之间共享经验和知识，互相帮助和支持，以增强评价的公正性和客观性。已有研究也证明，主体协同式班级保教实施质量评价对于评价的提升，评价主体自我价值的提升以及班级保教实施质量的提升都具有明显的效果。② 最后是元评价。所谓元评价，就是对现有的幼儿园保教质量评价的标准、指标和工具进行二次评价。元评价旨在重新审视这些评价标准、指标和工具，在保教实践过程中深入探讨它们的有效性和适用性，并提供充分的反馈机制，厘清它们的不足之处及对应的原因，以寻求更加完备的幼儿园保教质量评价体系。

---

① 李克建，等.中国托幼机构教育质量评价研究[M].北京：北京师范大学出版社，2017.

② 胡凯丽.主体协同式保教质量评价的实践研究——以 C 幼儿园班级保教实施质量评价为例[D].上海：上海师范大学，2021.

第四节　幼儿园保教质量提升策略的研究

随着“十四五”全面收官，我国学前教育进入新发展阶段，发展的重点从资源供给逐步转向内涵提升。教育部颁布《幼儿园保育教育质量评估指南》正是贯彻全国教育大会精神，加快建立健全教育评价制度，促进学前教育高质量发展的一项重要举措。保教质量提升是全面落实学前教育高质量发展的重要内容，目前国内学者关于幼儿园保教质量提升策略的研究可以分为两类：一类是借鉴发达国家保障和提升幼儿园保教质量的经验，以探寻对我国的启示；另一类是从不同侧面讨论我国幼儿园保教质量提升的路径，介绍了一些地区的实践经验，并提出了相关的策略构想。① 本节从国家层面和幼儿园层面两个方面对已有研究进行梳理。

一、国家层面：落实学前教育法，发挥政府职能

随着教育在经济社会发展中的全局性、先导性和基础性作用的日益凸显，当前，幼儿园保教质量提升成为教育改革发展中的一个热点问题。国家层面，《中华人民共和国学前教育法》（以下简称《学前教育法》）通过审议，为保教质量提升提供了制度保障；发挥政府职能，切实承担起公共责任，是办好人民满意学前教育的重要支撑条件。

（一）落实学前教育法，科学保教

《学前教育法》将于 2025 年 6 月 1 日正式实施，这为我国学前教育事业发展中的诸多问题提供了现实选择，保障了学前教育健康、有序、可持续发展。从学前教育的立法入手，为学前教育质量的提高提供法律法规和制度上的保障。②《学前教育法》对幼儿园的办园体制、课程、经费管理、教师资质等诸多保教质量中的要素都做出了明确的规定与要求，能够为幼儿园保教质量的提升提供法律法规、制度上的保障。但有学者曾指出我国的《学前教育法草案（征求意见稿）》应当在三个方面予以完善：明确政府对学前教育财政投入比例、大力兴办公立幼儿园；建立健全学前教育质量标准，促进幼小衔接；在提高学

① 杨晓萍，李敏. 焦点与转向：我国学前教育质量研究述评[J]. 教育研究，2016(4)：74－80，104.

② 褚远辉，赖怡. 提升国内学前教育质量对策研究述评[J]. 陕西学前师范学院学报，2016(7)：1－5.

前教师任职资格的基础上给予学前教师应有的教师编制身份。①

（二）发挥政府的职能和作用

学前教育是具有强正外部效应的准公共产品，涉及广泛的社会公共利益，属于社会公益事业，办好人民满意的学前教育有利于增进社会福祉。在这一背景下，政府要切实加强和履行发展学前教育的公共责任，充分发挥自身的职能和作用，保障和提升幼儿园的保教质量，具体体现为以下三个方面。

1. 财政投入和激励

运用持续长效、挂钩质量的财政激励举措，确保学前保教质量评级与促进系统的平稳运行，进而保障和促进学前保教服务质量的提高，是美国近10年来学前教育改革的重要政策经验。美国促进学前保教质量的财政激励手段主要包括分层报销、质量奖补、专业资助、工资补充与税收抵免等。这些财政举措在扶助弱势群体、推动保教质量持续改进、保留优秀师资和鼓励多方参与。② 目前国内通过增加经费投入来提高学前教育质量的相关研究众多，集中体现在以下方面。一是具体研究了学前教育经费投入的保障性问题，研究了各级政府学前教育经费投入中的主体地位，以及构建国家、社会、企业和个体多元的学前教育经费筹措机制等。其相关研究成果主要有《对构建学前教育经费保障机制的思考》③《关于学前教育经费保障机制问题的调研报告》④等。二是研究了学前教育经费投入的效益问题，主要采用实证的方式研究学前教育经费投入的成效及对成效的评估等。其相关研究成果主要有《近十年我国学前教育经费投入及其主要成效与困境》⑤《农村学前一年教育经费投入效益分析》⑥等。三是研究了学前教育经费投入的困难与对策问题，主要分析了当前影响学前教育经费投入的各种因素及其原因，并在这个基础上提出解决这一问题的对策措施等。其相关研究成果主要有《西部农村地区学前教育经费短缺的原因及对策分析》⑦等。四是研究了学前教育经费投入的比较与启示，主要是借鉴国外发达国家在保障学前教育经费方面的有益经验等。其相关研究成果主要有《新西兰财政性

---

① 刘悦，姚建龙.学前教育立法的亮点与若干争议问题——以《学前教育法草案（征求意见稿）》为例[J].中国青年社会科学，2021(4)：116－123.

② 洪秀敏，马群.运用财政激励保障学前保教质量——美国的经验及启示[J].比较教育研究，2016(6)：95－100.

③ 李振.对构建学前教育经费保障机制的思考[J].行政事业资产与财务，2012(20)：224－225.

④ 王元喜，唐彩云.关于学前教育经费保障机制问题的调研报告[J].教育财会研究，2011(4)：50－52.

⑤ 董艳艳.近十年我国学前教育经费投入及其主要成效与困境[J].当代教育科学，2015(1)：34－38.

⑥ 康建琴，刘焱，刘芃.农村学前一年教育经费投入效益分析[J].教育学术月刊，2011(5)：34－37，90.

⑦ 阎晗.西部农村地区学前教育经费短缺的原因及对策分析[J].当代教育论坛（宏观教育研究），2008(11)：19－21.

学前教育经费投入研究》[①]《国际学前教育公共经费投入趋势的比较研究》[②]《国际学前教育公共经费投入方式的比较研究》[③]等。五是研究了学前教育专项经费投入问题。其相关研究主要有《学前教育发展，关键在于加大专项经费投入》[④]《设立学前教育专项经费》[⑤]《山东：设立专项经费补学前教育“短板”》[⑥]等。六是研究了学前教育经费的分担问题，主要从学前教育非义务教育的性质和建立“普惠性”幼儿园等视角出发。其相关研究成果主要有《我国学前教育成本分担现状与社会期望研究》[⑦]和《近年来我国学前教育成本分担概况》[⑧]等。

2. 政策及配套工具箱的制定

提升学前教育质量政策杠杆与政策工具箱策略最先是由经济合作与发展组织(OECD)教育委员会提出的，主要是在各成员国提升学前教育质量举措的调查与分析基础上，总结概括出提升学前教育质量的政策策略，旨在为世界各国提升学前教育质量提供政策制定、实施、监测等方面的借鉴。政策杠杆是从宏观角度规范、协调行为发生发展过程中各因素作用的一种制度化的方式。政策杠杆发挥政策机制效用，具有诱发性、动力性、过程性等特点。政策工具箱是促使行为发生的技术、手段、依靠平台。政策工具箱策略就是包括园所建筑设计技术支持、物理环境条件(包括教玩具)的不同参照、班级教师与幼儿人数、师资学历、教师资质、教师培训体系、教师专业发展支持平台等，并在学前教育政策杠杆与政策工具箱策略之间形成内在的关联。[⑨]

3. 专门的督导、监测机构、数据库

督导方面。建立和健全各级学前教育组织和管理机构，强化对学前教育的督导与评估等也是当前国内外提高学前教育质量的一个通行做法。国内相关研究及成果主要有以下方面。一是研究了学前教育督导与评估的主体问题。其主要观点是在肯定各级政府和教育行政部门作为学前教育督导与评估主体的基础上，强调引入第三方中介组织作为督导与评估的主体，并充分发挥幼教机构的自我督导与评估的职能，以此构建多元化

---

① 李慧.新西兰财政性学前教育经费投入研究[D].重庆：西南大学，2013.

② 周兢，陈思，郭良菁.国际学前教育公共经费投入趋势的比较研究[J].全球教育展望，2009(11)：65－72.

③ 李召存，姜勇，史亚军.国际学前教育公共经费投入方式的比较研究[J].全球教育展望，2009(11)：80－85，64.

④ 崔劲松.学前教育发展，关键在于加大专项经费投入[N].光华时报，2011－06－07.

⑤ 滕礼.设立学前教育专项经费[N].深圳特区报，2009－02－05.

⑥ 王海红，段琳.山东：设立专项经费补学前教育“短板”[N].中国财经报，2011－03－05.

⑦ 魏聪，王海英.我国学前教育成本分担现状与社会期望研究[J].全球教育展望，2015(10)：67－83.

⑧ 王海英.近年来我国学前教育成本分担概况[J].教育导刊(下半月)，2015(1)：91.

⑨ 王小英，陈晨.提升学前教育质量的政策杠杆与工具箱策略[J].浙江师范大学学报(社会科学版)，2017(2)：10－14.

的督导与评估主体等。其相关研究成果主要有《学前教育评估中的政府行为分析》①等。二是研究了学前教育督导与评估的方法问题。研究的目的是通过采用科学的督导与评估方法，提高其科学性和有效性等。其相关研究成果主要有《学前教育质量评估研究中统计分析方法的新发展》②《质性评定方法对我国学前教育评价的启示》③《作品取样系统及其对我国学前教育评价的启示》④等。三是研究了学前教育督导与评估的标准及指标体系问题。这是当前学前教育督导与评估中的一个关键性问题，主要回答和解决如何督导与评估以及督导与评估的具体内容等问题。其相关研究成果主要有《学前教育督导评估体系建设探索——以上海市为例》⑤《学前教育专业质量评估指标体系报告》⑥《我国学前教育质量评估标准研究的现状与启示》⑦《我国学前教育指标体系的现状、问题及其完善》⑧等。四是研究了学前教育督导与评估的制度建设问题。其相关研究成果主要有《督导评估制度是解决城乡学前教育发展困境的重要对策》⑨《我国学前教育质量评估政策取向的实证研究——以东中西三省的示范幼儿园评估标准为例》⑩等。五是研究了有关学前教育专项督导与评估问题。其相关研究成果主要有《“学前教育三年行动计划”成效分析与政策建议》⑪《学前儿童健康教育评估》⑫《学前教育三年行动计划实施效果调查——基于内部利益相关者评价的视角》⑬等。六是研究了国内外学前教育督导与评估的比较研究。其相关研究成果主要有《发达国家学前教育机构保教质量评价的特点及其启示》⑭《国际学前教育指标体系的特征分析及启示》⑮《CLASS在美国学前教育机构质量评估中的应用及启示》⑯《澳大利亚学前教育质量评估研究的发展与启示》⑰《英国和新西兰学前

---

① 徐警武，吴琼.学前教育评估中的政府行为分析[J].领导科学论坛，2014(18):52－53.

② 刘昊.学前教育质量评估研究中统计分析方法的新发展[J].学前教育研究，2013(2):21－26,36.

③ 杨晓萍，柴赛飞.质性评定方法对我国学前教育评价的启示[J].学前教育研究，2004(3):16－18.

④ 李春光，张慧.作品取样系统及其对我国学前教育评价的启示[J].教育现代化，2015(4):63－67.

⑤ 李琳.学前教育督导评估体系建设探索——以上海市为例[J].中国教育学刊，2014(3):8－12,17.

⑥ 孙光峰.学前教育专业质量评估指标体系报告[J].才智，2015(9):203.

⑦ 任书东，廖先球.我国学前教育质量评估标准研究的现状与启示[J].教师，2013(28):18－19.

⑧ 庞丽娟，熊灿灿.我国学前教育指标体系的现状、问题及其完善[J].学前教育研究，2013(2):3－7.

⑨ 刘彦华，武琳，林存敬.督导评估制度是解决城乡学前教育发展困境的重要对策[J].辽宁教育，2012(12):6－7.

⑩ 何善平，范铭.我国学前教育质量评估政策取向的实证研究——以东中西三省的示范幼儿园评估标准为例[J].上海教育科研，2014(4):23－26,30.

⑪ 郑名.“学前教育三年行动计划”成效分析与政策建议[J].学前教育研究，2014(8):34－43.

⑫ 欧新明.学前儿童健康教育评估[J].湖南师范大学教育科学学报，2002(1):29－31.

⑬ 洪秀敏，马群.学前教育三年行动计划实施效果调查——基于内部利益相关者评价的视角[J].教育学报，2015(1):115－126.

⑭ 李玉杰，肖晓雪.发达国家学前教育机构保教质量评价的特点及其启示[J].教育探索，2014(12):142－144.

⑮ 熊灿灿.国际学前教育指标体系的特征分析及启示[J].教育测量与评价(理论版)，2014(4):22－25.

⑯ 王磊.CLASS在美国学前教育机构质量评估中的应用及启示[J].外国教育研究，2014(11):39－46.

⑰ 钱雨.澳大利亚学前教育质量评估研究的发展与启示[J].外国教育研究，2012(9):3－8.

教育督导评估指标比较研究》[①]《国外学前教育评估中介组织的特点及启示》[②]等。以上研究都试图通过加强督导与评估来达到提高学前教育质量的目的。

监测方面。教育行政部门应尽早建立学前教育质量监测体系，制定学前教育质量检测目标体系、研发测量工具和建立评价体系、建立报告体系、建立对监测结果的问责与干预体系。[③] 已有研究发现，一些发达国家先后建立了不同形式的国家学前教育质量监测体系，如澳大利亚、新西兰、英国、美国等。其中新西兰学前教育质量监测体系已有20年历史，由新西兰教育监察办公室（Education Review Office）负责。该办公室的行政级别等同于教育部。正是这种较高的行政地位与充分的独立性，使其监管的力度很大，结果公平、透明、反馈迅速。目前该机构有150多名员工，分头负责全国四个地区的学校和幼教机构的评价工作，一般是每三年一次，对新西兰幼教质量的提高产生了很大的影响。

数据库建设方面。数据库的建立将有利于持续、动态地追踪幼儿园保教质量。例如澳大利亚政府颁布了有关学前教育的重要文件，即《全国早期儿童发展战略：对早期进行投资》（2009年7月），也提出要制定全国性学前教育质量标准，并要建立一个更完善的全国学前教育质量数据库。上述国家的经验值得我们深入研究与借鉴。

二、幼儿园方面：完善幼儿园课程建设，加强队伍建设

（一）课程方面

课程和师资既是学前教育机构“专业质量”的决定因素，也是构成学前教育质量的核心要素，更是我国学前教育质量提升中薄弱且关键的环节。幼儿园课程和师资直接影响着学前教育质量的水平和儿童发展的结果。[④]

目前国内学术界对课程的研究较为丰富，主要研究观点如下。一是主张改革学前教育现有的课程结构。有研究者分析我国幼儿园现有课程结构中存在的问题，把幼儿园设置的课程划分为基础课程、游戏课程和特色课程等，并提出了调整学前教育课程结构的具体策略，如“优化三种课程类型，增强不同课程门类之间的融合性”“降低集中教学活动比例，保证幼儿的全面发展”[⑤]等。二是主张改革学前教育现有的课程目标。如有研究者

---

① 曲玲.英国和新西兰学前教育督导评估指标比较研究[J].教育测量与评价(理论版)，2010(10)：23－26.

② 孙洋洋.国外学前教育评估中介组织的特点及启示[D].长春：东北师范大学，2012.

③ 周欣.建立全国性学前教育质量监测体系的意义与思路[J].学前教育研究，2012(1)：23－27.

④ 黄瑾，熊灿灿.我国“有质量”的学前教育发展内涵与实现进路[J].华东师范大学学报(教育科学版)，2021(3)：33－47.

⑤ 张娜，陈佑清.我国学前教育课程结构现状分析[J].教育发展研究，2013(6)：63－67.

提出,"依照《规程》和《纲要》规定精神""完善和落实学前教育课程目标""在课程实施中既要关注结果性目标,更要关注过程性目标""在教育活动中落实和创生课程目标,促进学前儿童整体发展""选择和利用好隐形课程目标对学前儿童整体发展的作用"①等。三是主张开展针对民族地区的学前教育课程设置及改革。其主要观点就是要充分利用和挖掘民族地区的优秀传统文化资源,形成园本课程和特色课程,以及开展基于民族幼儿的学前双语教学等,进一步增强学前教育课程对民族幼儿的"亲和力"与可接受性等,如《撒拉族学前教育课程改革研究》②《基于蒙古族文化的幼儿园课程资源开发与利用研究》③等。四是主张开展有关学前教育课程模式的改革。这类改革的目的在于通过构建科学、合理的学前教育课程模式,提高学前教育的质量等,如《学前教育课程模式的理论分析》④等。五是主张开展有关学前教育课程领域的专项改革,如《对学前儿童"幸福学前课程"教育问题的实证探究》⑤《归于自然的幼儿园课程研究》⑥《回到过程之中——幼儿园课程建设的路向》⑦等。六是主张开展有关园本课程及其开发的研究,如《园本课程在中国:15 年回顾与省思》⑧《幼儿园园本课程开发中存在的问题及对策》⑨等。七是主张开展有关国内外学前教育课程内容及设置的比较研究。此类研究的目的在于学习和借鉴国外学前教育课程设置及其改革的有益经验,以此作为我国改革和完善幼儿园课程内容及设置的参照体系等,如《学前教育质量保障条件的国际比较研究》⑩《美国学前教育质量保障体系架构摭探》⑪和《澳大利亚学前教育质量保障体系的研究》⑫等。

在幼儿园课程研究繁华的背后,我们尤其需要注意的是"课程的在地性",因为强化课程意识,提升课程品质,提高园长课程领导力,就成为幼儿园保教质量提升的核心力量。⑬在我国教育发展战略定位已由高速度转向高质量的背景下,加强幼儿园高质量课程建设对促进学前教育高质量发展、实现幼儿可持续发展和缓解家长教育焦虑具有重要价值。⑭

---

① 马富成.学前教育课程目标实施中存在的问题及对策[J].内蒙古师范大学学报(教育科学版),2010(8):41-43.

② 李景隆.撒拉族学前教育课程改革研究[J].青藏高原论坛,2014(2):95-99.

③ 郭玮.基于蒙古族文化的幼儿园课程资源开发与利用研究[D].呼和浩特:内蒙古师范大学,2008.

④ 张娜.学前教育课程模式的理论分析[J].江苏教育研究,2015(1):49-53.

⑤ 刘玉红,陈琪.对学前儿童"幸福学前课程"教育问题的实证探究[J].通化师范学院学报,2014(11):131-133.

⑥ 吴宇.归于自然的幼儿园课程研究[D].银川:宁夏大学,2013.

⑦ 虞永平.回到过程之中——幼儿园课程建设的路向[J].学前课程研究,2007(2):4-7.

⑧ 谌铜平.园本课程在中国:15 年回顾与省思[J].亚太教育,2015(24):279-280.

⑨ 张欢欢.幼儿园园本课程开发中存在的问题及对策[J].科教导刊(下旬),2015(3):106-107.

⑩ 阚道,孙传远.学前教育质量保障条件的国际比较研究[J].教育参考,2015(2):35-40.

⑪ 赵彦俊.美国学前教育质量保障体系架构摭探[J].现代教育管理,2012(11):115-119.

⑫ 王晋.澳大利亚学前教育质量保障体系的研究[D].成都:四川师范大学,2011.

⑬ 张海豫.课程领导力助推保教质量提升的核心力量[J].山西教育(幼教),2019(4):8-11.

⑭ 刘雨杭,姚伟,柳海民.幼儿园高质量课程建设:价值意蕴、现实困境及纾解之策[J].湖北社会科学,2023(1):154-161.

（二）教师方面

重视内部沟通与教师赋权，提升教师的质量参与意识。教师是学前教育质量保障的重要主体，学前教育的教育理念转化为教育实践，教育目标能够成为儿童发展的真实展现与成长经历，以儿童成长与发展为最终教育旨趣的教育质量观的实现，都依赖于教师作为教育活动具体实施者的教育质量意识和教育质量行为。[①] 加强组织领导，全面提高幼儿园保教质量的意识和设想，如建立行政、教科研协调配合的工作机制，把教师队伍建设作为“关键”、注重“评估考核体系”的导向作用、建设保教业务工作的指导机制等。[②]

目前国内学者对此都有高度一致的看法，均把提高幼儿教师的学历层次和促进其专业化发展等作为提高学前教育保教质量最重要的保障性条件之一。当前，在国内有关幼儿教师素质研究的学术著作、硕博论文及期刊论文很多，概括起来主要有以下方面：一是研究了幼儿教师的职业道德和专业伦理及相关问题（如黄荣[③]、崔婧[④]、陈连孟[⑤]和徐浩斌[⑥]等）；二是研究了幼儿教师的专业发展及相关问题（如王静[⑦]、张晓晓[⑧]、姬会会[⑨]、徐秀玲[⑩]、叶丽[⑪]、陈守红[⑫]、陈金菊[⑬]和王杰[⑭]等）；三是研究了幼儿教师的培训及相关问题（如张腾[⑮]、王瑾[⑯]、周端云[⑰]、林媛媛[⑱]、潘君利[⑲]和张云亮[⑳]等）；四是研究了当前幼儿教师的

---

① 马雪琴，杨晓萍.学前教育质量保障与实现路径——基于质量文化的视角[J].河北师范大学学报(教育科学版)，2019(5)：114－119.

② 李天顺.在全国《3—6 岁儿童学习与发展指南》培训班上的讲话[J].学前教育研究，2012(12)：4－7.

③ 黄荣.幼儿教师的职业道德研究[D].长沙：湖南师范大学，2014.

④ 崔婧.对当前幼儿教师道德失范的研究[D].太原：中北大学，2014.

⑤ 陈连孟.幼儿教师专业伦理形成研究[D].重庆：西南大学，2013.

⑥ 徐浩斌.关于幼儿教师专业伦理建设的思考[J].中国教育学刊，2012(5)：80－83.

⑦ 王静.兰州市幼儿教师职业认同与专业发展研究[D].兰州：西北师范大学，2007.

⑧ 张晓晓.农村幼儿教师专业发展的现状研究[D].大连：辽宁师范大学，2012.

⑨ 姬会会.幼儿教师专业发展动机及其影响因素研究——以河南省部分幼儿教师为例[D].郑州：河南大学，2010.

⑩ 徐秀玲.生态学视野下幼儿教师专业发展研究[D].济南：山东师范大学，2008.

⑪ 叶丽.重庆幼儿教师专业能力的现状调查研究[D].重庆：西南大学，2008.

⑫ 陈守红.珠海市幼儿教师专业发展现状调查与分析[D].武汉：华中师范大学，2007.

⑬ 陈金菊.影响幼儿教师专业发展的幼儿园环境因素之研究[D].广州：广州大学，2007.

⑭ 王杰.贫困地区农村幼儿教师专业成长的现状、问题及对策——以甘肃农村幼儿教师为例[J].学前教育研究，2009(1)：15－18.

⑮ 张腾.幼儿教师国家级培训的实证研究——以 2012 年山西省农村幼儿教师“国培计划”为例[D].太原：山西师范大学，2013.

⑯ 王瑾.幼儿教师培训需求及培训成效研究——基于学前教育三年行动计划的背景[D].西安：陕西师范大学，2012.

⑰ 周端云.湖南省农村幼儿教师继续教育现状研究[D].长沙：湖南师范大学，2008.

⑱ 林媛媛，张克明.贫困地区幼儿教师培训状况与发展建议[J].学前教育研究，2012(1)：28－32，38.

⑲ 潘君利.农村幼儿教师继续教育现状及其改善策略[J].学前教育研究，2010(9)：49－53.

⑳ 张云亮，汪德明，时莉，等.农村幼儿教师培训的现状、评价及其需求[J].学前教育研究，2012(1)：33－38.

生存状态及相关问题(如李金英[①]、熊丽丽[②]、秦旭芳[③]和杨莉君[④]等);五是研究了幼儿教师的职业倦怠及相关问题(如王欢[⑤]、林琳[⑥]、刘丹[⑦]和赵娜[⑧]等);六是研究了幼儿教师的实践能力和胜任力及相关问题(如吴婷[⑨]、陈娟[⑩]等);七是研究了男性幼儿教师及相关问题(如石道伟[⑪]等);八是研究了幼儿教师的形象及相关问题(如徐慧艳[⑫]等);九是研究了幼儿教师的职业幸福感及相关问题(如王钢[⑬]、王琪[⑭]等);此外,还研究了幼儿教师的各种专项素质及相关问题等。另外,这些研究也提出了提高幼儿教师素质的主要途径,主要包括:一是提高幼儿教师的学历层次和准入门槛等;二是提高幼儿教师各个方面的专项素质等;三是加强和改进幼儿教师的培训及继续教育等;四是保障幼儿教师的生活待遇、工作条件和社会地位等,并通过改善他们的生存状态来化解职业倦怠及提高工作的幸福感等;五是大力提高幼儿教师的专业化发展水平等。

---

① 李金英.大连市幼儿教师生存状态的调查与研究[D].大连:辽宁师范大学,2008.

② 熊丽丽.民办园幼儿教师生存状态的调查研究——以荆州市为例[D].荆州:长江大学,2013.

③ 秦旭芳,孙雁飞,谭雪青.不同办园体制下幼儿教师的生存状态[J].学前教育研究,2011(10):28-33.

④ 杨莉君,周玲.农村幼儿教师生存状态的研究——以中部四省部分农村幼儿教师为例[J].教师教育研究,2010(5):27-31.

⑤ 王欢.昆明市幼儿教师职业倦怠研究[D].重庆:西南师范大学,2005.

⑥ 林琳.内江市幼儿教师职业倦怠现状及影响因素研究[D].重庆:西南大学,2009.

⑦ 刘丹.幼儿教师职业倦怠与人格特征、情绪智力关系的研究[D].上海:上海师范大学,2007.

⑧ 赵娜,秦金亮.幼儿教师职业生涯周期的职业倦怠研究[J].教师教育研究,2007(3):72-76.

⑨ 吴婷.朝鲜族幼儿教师胜任力研究——以延吉市为例[D].延吉:延边大学,2013.

⑩ 陈娟.幼儿教师胜任特征模型的建构[D].重庆:西南大学,2009.

⑪ 石道伟.男性幼儿教师职业发展研究[D].郑州:河南大学,2008.

⑫ 徐慧艳.4—6岁幼儿心目中的幼儿教师形象研究[D].武汉:华中师范大学,2013.

⑬ 王钢.幼儿教师职业幸福感的特点及其与职业承诺的关系[J].心理发展与教育,2013(6):616-624.

⑭ 王琪.大连市幼儿教师主观幸福感与教学动机的相关研究[D].大连:辽宁师范大学,2007.

第二章　我国幼儿园保教质量的政策分析

质量是教育事业的灵魂，作为基础教育奠基阶段的学前教育的质量尤其如此，其不仅影响着幼儿身心健康发展的程度与水平，也是幼儿家长的核心关切与期盼。从长远看，高质量的学前教育对于提高国民整体素质、培养堪当民族复兴大任的社会主义建设者和接班人具有先导性和全局性的重要意义。一直以来，我国政府高度重视幼儿园的保教质量，通过各类政策的颁布与实施以达到保障和提升幼儿园保教质量的目的。回顾我国幼儿园保教质量政策不仅是深刻认识相关政策制度体系的必然要求，同时也是探索当前幼儿园保教质量政策优化完善路径的基础。一般认为，幼儿园保教质量总体上包括安全卫生、环境创设、教育活动和教师队伍等几个关键方面。鉴于此，本章关于我国幼儿园保教质量政策的分析也将从这四个方面予以呈现，时间跨度为 1949 年新中国成立至今。

第一节　我国幼儿园的安全卫生政策分析

安全卫生有保障是幼儿园保教质量的底线要求，也是提升幼儿园保教质量的根基所在。存在安全风险和卫生隐患的幼儿园不仅难以发挥教育应有的正向促进作用，还极可能对幼儿的身心发展造成难以挽回的伤害。因此，纵观世界各国学前教育改革的政策与实践，我们不难发现，无论在何种政治文化背景下，扎实推进安全卫生工作都是各国建设高质量学前教育体系的共同选择。我国政府先后出台了一系列旨在规范、保障和促进幼儿园安全卫生的政策文件，其中大致可以分为侧重于安全防护方面的政策和侧重于卫生保健方面的政策，以下主要从上述两个方面对相关政策图景、特点与趋势进行梳理和分析。

一、幼儿园的安全防护政策分析

保证幼儿生命健康权利是幼儿园保教工作的第一要务，[①]对于身心发展尚处于不成熟阶段、自我安全防范意识不强的幼儿，我们尤其要重视其在园的安全防护工作。幼儿园的安全防护涉及幼儿园保教活动的诸多方面，安全风险也较多。为有效筑牢幼儿园安全工作防线，国家在不同政策文件中均对幼儿园安全工作做出了规定与要求，为幼儿园开展实践层面的安全防护工作提供了方向与参考。

（一）幼儿园安全防护政策的演进历程

安全工作与卫生工作之间存在着密切的联系，卫生工作中存在的诸多问题也可能引起安全事故。我国较早对幼儿园安全工作做出规定的政策内容主要包含在幼儿园卫生保健的相关政策文件之中。1985 年，原卫生部颁布的《托儿所、幼儿园卫生保健制度》中就专门提出了一项“安全制度”，要求在幼儿活动过程中，“工作人员要注视儿童的各项活动”，同时需要注意“房屋、场地、家具、玩具、用具使用的安全”等。1989 年，经国务院批准发布的《幼儿园管理条例》作为当前我国学前教育专门法规中效力层级最高的文件，多处对幼儿园安全防护工作做出安排，如“举办幼儿园必须将幼儿园设置在安全区域内”“幼儿园的园舍和设施必须符合国家的卫生标准和安全标准”“幼儿园应当建立安全防护制度，严禁在幼儿园内设置威胁幼儿安全的危险建筑物和设施，严禁使用有毒、有害物质制作教具、玩具”。1994 年实施的《托儿所、幼儿园卫生保健管理办法》也指出，“托儿所、幼儿园园舍、桌椅、教具、采光、照明、卫生设施、娱乐器具及运动器械等必须安全并适合儿童健康发育的需要，符合国家规定的卫生标准和安全标准要求”。

2006 年 9 月，教育部、公安部、原司法部、原建设部、原交通部、原文化部、原卫生部、原工商总局、原质检总局、原新闻出版总署等 10 部门联合下发的《中小学幼儿园安全管理办法》，作为对中小学幼儿园安全管理工作进行科学化、规范化管理的专门政策，其中对包括政府各个部门、学校和幼儿园等主体的安全管理职责，幼儿园内部的诸如门卫、危房报告、定期检查、设施设备、水电气、餐饮等安全管理制度进行了全面的规定。同时对幼儿园日常安全管理、安全教育、校园周边安全管理和安全事故处理等内容也提出了相应的要求，较为全面地为科学防范安全风险、筑牢安全防线提供了指引。2012 年，国家市场监督管理总局和国家标准化管理委员会联合发布了《中小学、幼儿园安全技术防范系

---

① 杨恩慧.生态学视野下幼儿园户外游戏环境的意义、特征与优化[J].学前教育研究，2021(4)：11－18.

统要求(GB/T 29315－2012)》,以国家标准的形式进一步对幼儿园相关安全防范体系的具体技术指标提出了明确要求。除此之外,2016 年修订的《幼儿园工作规程》中也专门将"幼儿园的安全"作为独立的一部分,对幼儿园安全工作做了针对性的规定。2022 年,针对《中小学、幼儿园安全技术防范系统要求(GB/T 29315－2012)》已难以适应新形势下中小学、幼儿园安全防范工作新要求,存在人力防范和实体防范方面要求偏低、系统技术指标与新技术应用不匹配不协调等问题,国家市场监督管理总局和国家标准化管理委员会联合发布了修订后的《中小学、幼儿园安全防范要求》,该标准规定了中小学和幼儿园安全防范的重点部位和区域、总体防范要求、人力防范要求、实体防范要求、电子防范要求和安全防范系统技术要求,进一步强化了幼儿园安全"人防、物防、技防"三防结合的安全防护理念,融入安全防范新技术、新理念,提升标准的可操作性。同时,它对重点部位和区域的防范措施、系统技术要求做出了详细的规定,推动校园安全防范工作更扎实、更有效地开展,保障系统技术指标与新技术应用相匹配、相协调。

(二) 幼儿园安全防护政策的特点与趋势

纵观我国幼儿园安全防护方面的政策体系建设进程,我们可以清晰地看出,幼儿园安全防护始终是幼儿园相关政策重点关注的内容,且重视程度不断提升。同时,以相关标准化体系建设推进教育质量的提升也是全球教育改革的基本趋势和重中之重。[①] 在此背景下,关于幼儿园安全防护的政策体系逐渐标准化和细致化,在很大程度上保证了安全防护举措的可操作性和可督导性,有效助力了幼儿园保教质量"堤坝"的稳固。

一方面,我国对幼儿园安全防护工作愈加重视。尽管《幼儿园工作规程》(1989 年)和《幼儿园工作规程》(1996 年)均提到了关于幼儿园安全的内容,如《幼儿园工作规程》(1996 年)要求"幼儿园应建立房屋设备、消防、交通等安全防护和检查制度;建立食品、药物等管理制度和幼儿接送制度,防止发生各种意外事故。应加强对幼儿的安全教育",但是相较于卫生保健和教育工作等其他内容而言,体现在政策文件中的安全防护内容较少。而 2016 年修订的《幼儿园工作规程》则将"幼儿园的安全"作为单独一部分,从管理安全、园舍安全、设备设施、食品、教职工安全意识的培养等方面对幼儿园的安全防护工作进行了全面系统的部署,如在人员安全意识方面,明确要求"幼儿园教职工必须具有安全意识,掌握基本急救常识和防范、避险、逃生、自救的基本方法,在紧急情况下应当优先保护幼儿的人身安全"。这从某种程度上是对近些年在幼儿园时有发生的安全事故的回应,同时,从更深层次来看,单独将幼儿园的安全作为一部分进行

---

① 张珏,公彦霏.新时代中国特色教育发展目标监测体系:检视与重构[J].教育发展研究,2021(19):1－8.

强调，也体现出了国家对幼儿园安全工作更加重视，有助于督促政府行政管理部门、幼儿园管理者和保教人员等强化安全防护意识，夯实各项安全防护制度，更好地保障幼儿在园安全。

另一方面，幼儿园安全防护政策体系朝着系统化和标准化的方向发展。较早对幼儿园安全防护做出规定的政策文件主要是卫生保健方面或对幼儿园工作进行整体性规定的相关文件，国家从 2006 年开始制定专门针对中小学、幼儿园安全管理的政策文件——《中小学幼儿园安全管理办法》，构建了幼儿园安全管理的制度体系，形成了加强幼儿园安全管理的核心框架，使得幼儿园安全防护的制度和举措等更加全面化与系统化。2012 年出台的《中小学、幼儿园安全技术防范系统要求(GB/T 29315－2012)》则是幼儿园安全防护相关政策文件从普通的规范性文件走向国家标准化文件的开端。安全事项无小事，在系列标准化政策文件的引领下，以“高标准”“严要求”的理念推进幼儿园安全防护工作，无疑对于更加严密地夯实幼儿园安全防护体系具有极为重要的意义。这既以科学、具体的指标对相关安全要求进行更为明确的规定，对幼儿园开展相关安全管理工作更具借鉴意义，也让相关行政管理部门在开展针对幼儿园的安全管理工作时有了基本的依据，在很大程度上提升了幼儿园安全防护的效率。2022 年修订后形成的《中小学、幼儿园安全防范要求》则是幼儿园安全防护标准化体系建设的深化，表明以标准化的形式推进幼儿园安全管理政策体系建设将成为未来国家开展幼儿园安全治理工作的重要政策工具之一。

二、幼儿园的卫生保健政策分析

保育与教育相结合是幼儿园教育的显著特点，也是幼儿园教育满足感官、动作、行为习惯等尚处于未成熟期的 3—6 岁幼儿身心发展的内在需要。因而，卫生保健工作成为幼儿园保教工作的头等大事，也是对幼儿园质量进行评估的重要内容。卫生保健的关键是为幼儿身心健康发展提供良好的环境，为规范幼儿园卫生保健工作，避免一些不科学、不适宜的卫生保健行为发生。国家层面高度重视以政策规范的方式对幼儿园卫生保健工作进行管理。

(一) 幼儿园卫生保健政策的演进历程

1985 年，原卫生部颁布了《托儿所、幼儿园卫生保健制度》，其中对托儿所、幼儿园的生活制度、饮食制度(饮食管理、科学喂养、饮食卫生)、体育锻炼制度、健康检查制度、卫生消毒及隔离制度(环境卫生、个人卫生等)、预防疾病制度、安全制度、卫生保健登记与统计制度、家长联系制度等内容进行了较为全面的规定。该文件不仅建立了我国幼儿园卫生保健相关制度的"四梁八柱",为幼儿园建立健全和有效执行安全卫生的制度规范提供了重要指引,而且对卫生保健工作中的具体制度规定也较为明晰,操作性和可参考性都较强,相关内容后期也被吸纳到学前教育相关政策法规之中,支撑了我国幼儿园政策法规体系的完善,如在体育锻炼制度方面提出"在正常天气下,要有充足的户外活动时间,每天坚持两小时以上户外活动,加强冬季锻炼"。后期颁布的《幼儿园工作规程》中也明确要求幼儿每天在园的户外活动时间不得少于两个小时。

1994 年 12 月,原卫生部、原国家教育委员会印发了《托儿所、幼儿园卫生保健管理办法》,该文件旨在提高托儿所、幼儿园卫生保健工作水平,预防和减少疾病发生,保障儿童身心健康。相较于《托儿所、幼儿园卫生保健制度》,该文件在效力层级上进行了提升,同时在内容上也更侧重于保障实施。具体而言,一方面,该文件将《托儿所、幼儿园卫生保健制度》的主要内容(如生活制度、饮食制度、健康检查制度和预防疾病制度等)以部门规章的形式予以重申,客观上提升了政策文件的层级和效力,其中提出了相应的处罚措施,"对违反本办法的,由卫生行政部门和教育行政部门视情节轻重,给予警告、限期整顿、停止招生、停止办园的行政处罚;情节严重构成犯罪的,依法追究刑事责任"。另一方面,其对如何保障《托儿所、幼儿园卫生保健制度》中所提出的具体保教行为切实履行进行了明确,要求各类托儿所、幼儿园必须设立保健室或隔离室,其中保健室必须符合《保健室设备标准》(见表 1),同时,要求幼儿园根据《全日制、寄宿制幼儿园编制标准(试行)》配备保健人员,并对医师、护士和保健员的资质提出了明确要求。另外,该办法也对幼儿园卫生保健工作中的各个相关主体的权利和责任进行了明晰,指出地方各级人民政府卫生行政部门指导辖区内幼儿园的卫生保健管理工作,各级教育行政部门协助卫生行政部门检查、指导幼儿园的卫生保健工作。从整体上看,该文件的颁布对于进一步加强幼儿园卫生保健工作的管理和落实发挥了重要的作用。

表 1　保健室设备标准

一般设备	桌椅、药品柜、保健资料柜、流动水或代用流动水设施、诊察床、电冰箱
体检设备	体重计(杠杆式)、灯光视力箱、对数视力表、身高坐高计(供 3 岁以上儿童使用)、卧式身长计(供 3 岁以下儿童使用)
消毒设备	高压消毒锅、紫外线灯、常用消毒液
常规医疗用品	常用医疗器械(针、镊子、剪刀、弯盘等)、听诊器、血压计、体温计、手电筒、压舌板、敷料、软皮尺
常用药品	外用药、防治常见病的中西成药

2010 年 10 月,根据我国学前教育发展的现实状况及卫生保健工作的最新要求,卫生

部、教育部印发了修订后的《托儿所幼儿园卫生保健管理办法》，其基本保留了前一版本中对卫生保健工作的相关要求，但是在政府各部门责任划分方面更加清晰，这也有助于在地方负责的基础上更好地实现各部门协同配合。同时为保证儿童入园检查、托育机构人员健康检查等工作的规范性，制定了系列内容明晰的参照样表。具体而言，在上一版本明确卫生和教育行政部门分别负责指导和协助指导辖区内幼儿园卫生保健工作的基础上，进一步明确了卫生保健各个相关部门的责任，如：规定疾病预防控制机构应当定期为托幼机构提供疾病预防控制的宣传、咨询服务和指导；卫生监督执法机构应当依法对托幼机构的饮用水卫生、传染病预防和控制等工作进行监督检查；食品药品监督管理机构中负责餐饮服务监督管理的部门依法加强对托幼机构食品安全的指导与监督检查。与此同时，各地相关行政部门指导能力、园所卫生保健水平等参差不齐，可能在相关制度执行中存在缺乏参照和支架的问题。为保证相应制度得以有效执行，新版《托儿所幼儿园卫生保健管理办法》专门以附件的形式列出了包括儿童入园（所）健康检查表、儿童转园（所）健康证明、托幼机构工作人员健康检查表、托幼机构工作人员健康合格证等示例样表。这一方面为相关部门开展检查、评估、审批等工作提供了依据，另一方面也避免了缺乏专业和权威参照资料使得一些制度在实践中不能被较好地执行的情况发生，进一步完善了我国幼儿园卫生保健政策体系，为幼儿园卫生保健工作的优化提供了重要指引。

2012 年，原卫生部在 1985 年颁布的《托儿所、幼儿园卫生保健制度》基础上进行修订完善，颁布了《托儿所幼儿园卫生保健工作规范》，该文件对前期颁布的关于托幼机构卫生保健工作的一系列文件内容进行了整合和梳理，包括卫生保健工作职责、卫生保健工作内容与要求、新设立托幼机构招生前卫生评价三大部分。其中“卫生保健工作职责”部分对托幼机构、妇幼保健机构、相关机构等各个主体的职责进行了明确的规定，厘清了各个主体在幼儿园卫生保健工作中的权利与责任；“卫生保健工作内容与要求”部分包括一日生活安排、儿童膳食、体格锻炼、健康检查、卫生与消毒、传染病预防与控制等内容，保留了 1985 年颁布的《托儿所、幼儿园卫生保健制度》中的主要内容，其中部分内容更加详细且具有操作性，如环境与物品预防性消毒方面，该文件专门以附件列表的形式对空气、餐具、玩具等的物理消毒、化学消毒方式进行了指导（见表 2）；“新设立托幼机构招生前卫生评价”部分从卫生评价流程和卫生评价标准两个方面重点对如何对新设立的托幼机构开展卫生评价进行了规定，这部分在该文件中作为单独一部分呈现，主要是避免在托幼机构数量日益增多的背景下相关部门或托幼机构负责人对卫生保健工作要求不明晰或执行不透彻的情况出现，其中卫生评价流程中主要是规定了新设立的托幼机构如何申请托幼机构卫生评价合格证明，主要程序为新设立的托幼机构提交“托幼机构卫生评价申请书”，卫生行政部门指定的医疗卫生机构根据“新设立托幼机构招生前卫生评价表”开展评价并出具"托幼机构卫生评价报告"，卫生评价标准则对环境卫生、个人卫生、食堂卫生、保健室或卫生室设置、卫生保健人员配备、工作人员健康检查等方面列出了具体的项目。

表 2　托幼机构环境和物品预防性消毒方法

消毒对象	物理消毒方法	化学消毒方法	备注
空气	开窗通风每日至少 2 次；每次至少 10—15 分钟。		在外界温度适宜、空气质量较好、保障安全性的条件下，应采取持续开窗通风的方式。
	采用紫外线杀菌灯进行照射消毒每日 1 次，每次持续照射时间 60 分钟。		1. 不具备开窗通风空气消毒条件时使用。 2. 应使用移动式紫外线杀菌灯。按照每立方米 1.5 瓦计算紫外线杀菌灯管需要量。 3. 禁止紫外线杀菌灯照射人体体表。 4. 采用反向式紫外线杀菌灯在室内有人环境持续照射消毒时，应使用无臭氧式紫外线杀菌灯。
餐具、炊具、水杯	煮沸消毒 15 分钟或蒸汽消毒 10 分钟。		1. 对食具必须先去残渣、清洗后再进行消毒。 2. 煮沸消毒时，被煮物品应全部浸没在水中；蒸汽消毒时，被蒸物品应疏松放置，水沸后开始计算时间。
	餐具消毒柜、消毒碗柜消毒，按产品说明使用。		1. 使用符合国家标准规定的产品。 2. 保洁柜无消毒作用，不得用保洁柜代替消毒柜进行消毒。
毛巾类织物	用洗涤剂清洗干净后，置阳光直接照射下曝晒干燥。		曝晒时不得相互叠夹。曝晒时间不低于 6 小时。
	煮沸消毒 15 分钟或蒸汽消毒 10 分钟。		煮沸消毒时，被煮物品应全部浸没在水中；蒸汽消毒时，被蒸物品应疏松放置。
		使用次氯酸钠类消毒剂消毒，使用浓度为有效氯 250—400 mg/L，浸泡消毒 20 分钟。	消毒时将织物全部浸没在消毒液中，消毒后用生活饮用水将残留消毒剂冲净。
抹布	煮沸消毒 15 分钟或蒸汽消毒 10 分钟。		煮沸消毒时，抹布应全部浸没在水中；蒸汽消毒时，抹布应疏松放置。
		使用次氯酸钠类消毒剂消毒，使用浓度为有效氯 400 mg/L，浸泡消毒 20 分钟。	消毒时将抹布全部浸没在消毒液中，消毒后可直接控干或晾干存放；或用生活饮用水将残留消毒剂冲净后控干或晾干存放。

续 表

消毒对象	物理消毒方法	化学消毒方法	备注
餐桌、床围栏、门把手、水龙头等物体表面		使用次氯酸钠类消毒剂消毒，使用浓度为有效氯 100—250 mg/L，消毒 10—30 分钟。	1. 可采用表面擦拭、冲洗消毒方式。 2. 餐桌消毒后要用生活饮用水将残留消毒剂擦净。 3. 家具等物体表面消毒后可用生活饮用水将残留消毒剂去除。
玩具、图书	每两周至少通风晾晒一次。		适用于不能湿式擦拭、清洗的物品。 曝晒时不得相互叠夹。曝晒时间不低于 6 小时。
		使用次氯酸钠类消毒剂消毒，使用浓度为有效氯 100—250 mg/L，表面擦拭或浸泡消毒 10—30 分钟。	根据污染情况，每周至少消毒 1 次。
便盆、坐便器与皮肤接触部位、盛装吐泻物的容器		使用次氯酸钠类消毒剂消毒，使用浓度为有效氯 400—700 mg/L，浸泡或擦拭消毒 30 分钟。	1. 必须先清洗后消毒。 2. 浸泡消毒时将便盆全部浸没在消毒液中。 3. 消毒后用生活饮用水将残留消毒剂冲净后控干或晾干存放。
体温计		使用 75%—80% 乙醇溶液，浸泡消毒 3—5 分钟。	使用符合《中华人民共和国药典》规定的乙醇溶液。

（二）幼儿园卫生保健政策的特点与趋势

纵观我国幼儿园卫生保健相关政策的内容，我们可以发现，在政策演变过程中，整个政策体系逐渐得以完善，主要体现在责任主体日渐明晰、重视家庭的作用和预防为主理念凸显等方面。

首先，相关责任主体逐渐健全、责任日渐明晰。幼儿园的卫生保健工作至少涉及园外政府和社会的监督、指导和管理以及园内管理人员、卫生保健人员的内部实施两大方面。幼儿园卫生保健工作得以有效实施的关键之一是解决好各类主体和人员到底在幼儿园卫生保健中扮演什么样的角色以及承担怎样的责任的问题。1985 年印发的《托儿所、幼儿园卫生保健制度》中尽管对各项卫生保健制度进行了较为全面的规定，但是主要限于回答“怎样做”的问题，对于这些制度在运行过程中如何协调各方主体以保证其实施缺乏相应的规定。相比较而言，1994 年颁布的《托儿所、幼儿园卫生保健管理办法》弥补了政策体系中的这一空白，以部门规章的形式对幼儿园卫生保健工作中卫生行政部门和教育行政部门等各个相关主体的权利和责任进行了明晰，基本形成了卫生行政部门主责与指导、教育行政部门协作的责任分配格局。2010 年印发的《托儿所幼儿园卫生保健管理办法》则在此基础上进一步明确了疾病预防控制机构、卫生监督执法机构、食品药品监督管理部门等在幼儿园卫生保健工作中所需要履行的责任。2012 年颁布的《托儿所幼儿园卫生保健工作规范》将托幼机构、妇幼保健机构、相关机构等与幼儿园卫生保健相关的内外三大主体的职责进行了更为明确和详细的规定。这一变化趋势体现出在保教质量提高目标导向下，国家对幼儿园卫生保健管理工作的重视程度，这也直接助推了我国幼儿园卫生保健工作管理体系的不断优化与健全。

其次，始终重视家庭在幼儿园卫生保健工作中的作用。幼儿园保教质量的保障和提升离不开家庭和幼儿园的共同努力，其中的卫生保健工作同样如此。只有家长同样树立科学的卫生保健理念、实施科学的卫生保健行为，才能够实现培养幼儿良好卫生习惯、预防传染性疾病等系列目标。实际上，我国颁布的系列幼儿园卫生保健相关政策文件也始终重视家庭在其中的重要作用。1985 年印发的《托儿所、幼儿园卫生保健制度》中的第九条即“家长联系制度”，要求幼儿园要“采取多种方式，同家长加强联系，争取家长配合。定期开家长会，经常向家长宣传婴幼儿卫生保健知识。儿童如无故缺席，要及时和家长联系，共同做好儿童保健工作”。2012 年颁布的《托儿所幼儿园卫生保健工作规范》在儿童膳食方面要求幼儿园“建立有家长代表参加的膳食委员会并定期召开会议，进行民主管理”，在传染病预防与控制方面也要求幼儿园“卫生保健人员应当定期对儿童及其家长开展预防接种和传染病防治知识的健康教育，提高其防护能力和意识。传染病流行期间，加强对家长的宣传工作”。

最后，凸显出幼儿园卫生保健工作以预防为主的基本理念。幼儿在园的身心健康是千家万户的重要关切，也是幼儿园保教工作的头等大事。幼儿园卫生保健的主要目的是预防和减少疾病发生，保障儿童身心健康。尽管相关政策文件中有对园所内传染性疾病发生后进行处理的相关规定，但是总体上还是从“事前预防”的角度对卫生保健进行规范的，不管是对各项卫生保健制度的内容进行明确和健全，人员资质和培训要求等进行规范，还是对相关主体职责的确定，本质上均是为了从各个方面对可能损害幼儿身心健康的风险隐患进行科学预防。特别是 2012 年颁布的《托儿所幼儿园卫生保健工作规范》专门增设了“新设立托幼机构招生前卫生评价”部分，从幼儿园入口关开始对其卫生保健制度、设施等进行严格把控，以达到预防后期可能由于审批不严格造成的幼儿园出现卫生保健工作不合规的情况出现。从幼儿园内各个方面、家园联系、政府对幼儿园卫生保健的审批与监管等多方面、多环节采取预防性的卫生保健理念，一方面能够使包括幼儿园卫生保健人员和家长在内的各方始终高度重视卫生保健工作，另一方面也是对以幼儿为本这一理念的根本践行。

第二节　我国幼儿园的环境创设政策分析

幼儿园的环境在幼儿成长的过程中潜移默化地发挥着作用，这已经成为学术层面和实践层面的共识。在学术层面，无论行为主义还是建构主义等心理学流派均非常重视环境对儿童发展的影响，瑞士心理学家皮亚杰提出的发生认识论观点更是认为儿童的发展本质上是儿童与周围环境互动的结果。① 在实践层面，蒙台梭利较早提出要为幼儿创设“有准备的环境”。近些年，随着学前教育改革的不断深入，根据儿童的兴趣与发展需要进行相应的环境创设也成为各国学前教育实践探索的重要内容，环境甚至被称为幼儿的“第三位老师”。② 将科学研究、实践探索所获得的经验与成果以政策的形式予以呈现，并通过政策特有的规制力推广实施无疑是从整体上保障幼儿园环境创设科学合理且适宜有效的重要途径。幼儿园的环境创设大致可以分为空间设施和玩教具材料两个方面的内容。

一、幼儿园的空间设施政策分析

适宜的空间和设施是幼儿园科学有序地开展各类保教活动的必备条件，也是有效促进幼儿身心全面健康发展的基本保障。鉴于此，根据幼儿身心发展特点需要和幼儿园保教活动要求设置对应的空间区域和配备相应的设施设备成为保障和提升幼儿园保教质量的重要举措，制定相应的政策也就相应地成为世界各国对幼儿园等托幼机构空间设施加强规范管理的共同做法。本部分重点梳理新中国成立以来我国国家层面对幼儿园空间设施所做出的相关规定和要求。

（一）幼儿园空间设施政策的演进历程

新中国成立后，我国先后颁布了《城市幼儿园建筑面积定额（试行）》《托儿所、幼儿园

① ［瑞士］皮亚杰.发生认识论原理［M］.王宪钿，等译.北京：商务印书馆，1981.
② 屠美如.向瑞吉欧学什么——《儿童的一百种语言》解读［M］.北京：教育科学出版社，2018.

建筑设计规范》《幼儿园建设标准》等规范性文件，这些文件中对幼儿园空间设施所做出的要求在不同阶段有效地发挥了引导和规范幼儿园科学划分空间和配备设施的作用。其中 1988 年由原建设部和原国家教育委员会颁布的《城市幼儿园建筑面积定额(试行)》是较早对幼儿园空间设施做出国家层面规定的文件，其规定了“幼儿园的园舍建筑由活动及辅助用房、办公及辅助用房以及生活用房三部分组成”，同时，该文件也对三类用房的具体功能类型、配备数量、最小面积、保教用途等进行了较为明确的规定，如将“活动及辅助用房”分为“活动室”(每班一间)、“卫生间”(每班一间)、“衣帽、教具储藏室”(每班一间)、“音体活动室”(全园一个)等(见表 3)。

表 3　城市幼儿园园舍建筑面积定额

规模	园舍建筑面积(平方米)	建筑面积定额(平方米/生)
6 班(180 人)	1 773	9.9
9 班(270 人)	2 481	9.2
12 班(360 人)	3 182	8.8

另外，该文件也对城市幼儿园的用地类型及相应的面积定额进行了规定，指出“幼儿园的用地面积包括建筑占地、室外活动场地、绿化及道路用地等”，其中“建筑占地”中园舍建筑应为三层楼，建筑密度不宜大于 30%；“室外活动场地”分为分班活动场地和共用活动场地两部分，分班活动场地每生 2 平方米，共用活动场地每生 2 平方米；“绿化用地”每生不小于 2 平方米。同时，也对不同规模城市幼儿园的用地面积定额予以了明确(见表 4)。

表 4　城市幼儿园用地面积定额

规模	用地面积(平方米)	用地面积定额(平方米/生)
6 班(180 人)	2 700	15
9 班(270 人)	3 780	14
12 班(360 人)	4 680	13

尽管《城市幼儿园建筑面积定额(试行)》目前已在新的相关文件出台后失效，但是其在我国幼儿园园舍建筑与空间结构规范化、科学化的历史上具有里程碑式的意义，进一步对幼儿园办园环境进行优化完善起到了奠基性和探索性的作用。

为了更好地满足我国幼儿园保教实践和质量提升的新要求，2016 年住房和城乡建设部印发了修订版的《托儿所、幼儿园建筑设计规范》，对托儿所、幼儿园建筑的基地、总面积、建筑设计(生活用房、服务管理用房、供应用房)、室内环境(采光、隔声、噪声控制、空气质量)、建筑设备(给水排水、供暖通风和空气调节、建筑电气)等进行了详细的规定。

相较于之前的文件，该文件对幼儿园建筑环境的规范更加全面和细致，将室内采光、空气质量和幼儿园园舍建筑的给水排水等纳入了规范的范畴，对幼儿园内部的建筑窗、出入门、楼梯等相应的安全卫生要求予以非常详细的规范，如规定供幼儿使用的楼梯踏步高度宜为 0.13 米，宽度宜为 0.26 米，活动室采光系数不低于 2%等，为满足幼儿园适用、安全、卫生、美观、经济的建筑设计要求提供了科学的参考。

同年，住房和城乡建设部、国家发展和改革委员会印发了《幼儿园建设标准》，该文件是专门针对幼儿园这一类学前教育机构建设进行规范的标准性文件，主要对幼儿园的选址与规划布局、全日制和寄宿制幼儿园各类用房的面积指标、幼儿园整体建筑与建筑内部的设备等提出了相应的要求，对我国幼儿园建筑设计中存在的一些问题和疑惑进一步予以明确。如在幼儿园的选址方面，为保障幼儿的身心健康，明确提出“幼儿园不得建在高层建筑内。3 班及以下规模幼儿园可设在多层公共建筑内的一至三层，应有独立院落和出入口，室外游戏场地应有防护设施。3 班以上规模幼儿园不应设在多层公共建筑内”。《幼儿园建设标准》的颁布不仅能引导已开办的幼儿园不断优化园所建筑，督促新建和改(扩)建的幼儿园开展科学合理的前期设计和后期建设，也为相关部门对幼儿园建设开展审批、监督、检查和评估等提供了重要标尺，减少了因园舍建筑不规范、不科学造成的安全隐患，助力了适合幼儿身心全面健康发展的物质条件和育人环境。

(二) 幼儿园空间设施政策的特点与趋势

整体上看，我国国家层面所颁布的与幼儿园空间设施相关的政策文件体现出覆盖范围逐渐完善、涉及指标日臻健全、育人导向贯穿始终等主要特点。

首先，从规范对象来看，实现了由城市幼儿园向城乡所有幼儿园的转化。最早颁行的《城市幼儿园建筑面积定额(试行)》，无论是文件名称还是主要内容都具有非常明确的规范对象，即“城市幼儿园”，换言之，农村幼儿园并不在该文件所列要求的范畴之内，这无疑与当时我国城乡二元结构背景下城乡幼儿园发展差异大，农村幼儿园的发展尚未具备对其建筑面积进行规范的必要性和可能性，也与城市整体规划不断得到重视和城市幼儿园建设亟须有章可循的现实情况密不可分，但是客观上也影响了农村幼儿园园舍建筑规范化发展的进程。后期颁布的《托儿所、幼儿园建筑设计规范》《幼儿园建设标准》则面向城镇地区和乡村地区的所有幼儿园，实现了对不同地域幼儿园的全纳式规范，特别是在《幼儿园建设标准》中专门对农村幼儿园的建筑提出了要求，指出“农村幼儿园的污水排放不应影响园区和周边环境卫生与幼儿安全”。将城乡幼儿园全部纳入其中不仅契合了当前我国学前教育高质量发展的需要，也有助于以标准化的指引缩小城乡幼儿园在建设设计和设施设备等方面的差距，实现城乡幼儿园均衡发展。

其次，从内容指标来看，幼儿园空间设施的内容和相关指标日臻完善。《城市幼儿园建筑面积定额（试行）》主要是对幼儿园的各类用房的功能、配备数量和面积等进行了明确，较为笼统和宽泛。而后续修订印发的《托儿所、幼儿园建筑设计规范》《幼儿园建设标准》则在基本的功能分区和建筑面积的基础上，从幼儿园的基地、选址、室内环境（采光、隔声、噪声控制、空气质量）、建筑设备（给水排水、供暖通风和空气调节、建筑电气）等方面对幼儿园内外空间、建筑、设施设备等的规格和数量等进行了全面的规定，特别是对于上述较多可量化的内容均给出了科学合理的参照指标，便于幼儿园在建筑设计和建设阶段进行有效的借鉴与参考。

最后，从价值取向来看，始终坚持“以幼儿为本”的原则。幼儿园属于承载着为适龄幼儿提供科学保教服务以促进其身心全面健康发展的育人使命的教育机构，其最根本和核心的目标是育人。相应地，幼儿园的空间布局与设施配备等均需要围绕育人的目的展开，从根本上说是需要遵循幼儿身心发展的阶段性特点，将安全卫生和育人功能作为首要目标。从这个角度看，尽管我国在不同阶段出台的相关规范性文件在内容的全面性和指标的细致性方面存在着差异，但是制定政策文件的根本出发点和最终落脚点均是服务于创造适宜的育人环境。如《城市幼儿园建筑面积定额（试行）》中就指出幼儿园的建筑面积定额必须保证满足幼儿在教育和生活上的需要；修订版的《托儿所、幼儿园建筑设计规范》中同样提出，幼儿园建筑设计应将满足使用功能要求，有益于幼儿健康成长作为首要原则；《幼儿园建设标准》更是开宗明义地指出，幼儿园的建设必须坚持“以幼儿为本”的原则，符合幼儿生理和心理成长规律，园区布局、房屋建筑和设施应功能完善、配置合理、绿色环保、经济美观，具有抵御自然灾害、保障幼儿安全的能力。由此我们不难看出，保障幼儿的安全卫生，满足适应幼儿身心发展各项活动的需要这一核心思想始终贯穿于上述政策文件之中。

二、幼儿园的玩教具材料政策分析

玩教具是幼儿园办园条件的重要组成部分，更是幼儿园教育质量的基本保障。是否配备充足适宜的玩教具是托幼机构教育质量评价标准的重要构成要素之一。[①] 因此，对我国幼儿园玩教具材料相关政策的分析成为梳理我国幼儿园保教质量政策不可缺少的组成部分。

---

① 刘焱.试论托幼机构教育质量评价的几个问题[J].学前教育研究，1998(3)：14－17.

(一)幼儿园玩教具材料政策的演进历程

以游戏为基本活动是尊重幼儿身心发展规律在幼儿园教育实践中的集中体现,而幼儿阶段的游戏活动又大多需要相应的玩教具材料作为支撑。因此,玩教具材料的配备情况在很大程度上决定了幼儿园游戏活动的丰富程度和开展深度,成为衡量幼儿园保教质量的重要指标。实际上,对于幼儿园到底需要配备哪些玩教具材料这一问题,国家层面较早就非常关注。1984 年,教育部教学仪器研究所在全国教学仪器规划大会上就首次将幼儿园玩教具的研制列入规划,并提出了幼儿园玩教具研制的基本要求和目标,即"七五"计划期间要优先开发幼儿园教师使用的演示教具和幼儿的学习用具,以及具有我国特色的、适合学前教育要求的体、智、德、美等各个方面的系列玩教具,旨在通过出台相应的政策文件的方式对玩教具材料配备的规格、数量等进行规范,改善长期以来我国幼儿园教玩具缺乏可参照的配备标准的状况,为各地幼儿园玩教具材料的配备提供重要的指引与参照。1986 年 3 月,原国家教育委员会委托教学仪器研究所编制的《幼儿园教玩具配备目录》正式印发,对体育活动器械、角色游戏、结构游戏、沙水活动玩具、美工、音乐、语言、常识教具、劳动工具及活动室专用设备等十大类共计 70 种玩教具的具体名称、规格和数量等进行了非常明确的规定,对于补齐幼儿园玩教具配备标准、引导幼儿园科学配备玩教具具有重要的意义和价值。

为适应学前教育改革发展的新阶段和规范化发展新要求,1992 年 12 月,原国家教委对 1986 年印发的《幼儿园教玩具配备目录》进行了修订完善,将幼儿园玩教具配备的种类调整为体育类、构造类、角色表演类、科学启蒙类、音乐类、美工类、图书和挂图与卡片类、电教类、劳动工具类等九大类共计 102 种玩教具。相较于前一版配备目录种类更加丰富,也更加贴近幼儿园实践发展实际。特别值得注意的是,为更好地引导各地秉持因地制宜的原则在力所能及的条件下进行玩教具配备,避免"一刀切"地执行造成的财力负担过大、持续性难以保障等问题,新版的《幼儿园玩教具配备目录》根据经济发展水平和办园条件差异制定了三类配备标准:一是针对经济条件好的地区;二是基本配备标准,针对经济条件适中的地区;三是底线标准,供经济欠发达地区幼儿园参照使用。

(二)幼儿园玩教具材料政策的特点与趋势

总体上看,新中国成立以来我国国家层面关于玩教具配备的相关政策主要为规范性文件,所具备的政策效力客观上较为有限。从历时的角度看,相较于其他方面的政策,我国幼儿园玩具材料的相关政策整体上变化较小。从内容的角度看,我国玩教具配备政策整体上体现出统一要求与因地制宜相结合、玩教具材料配备所要求的类型日趋丰富、配备要求与幼儿园教育实践发展紧密结合的特点。

第一，统一要求与因地制宜相结合。为更加科学、规范地推动各地幼儿园配齐玩教具材料，国家层面在1986年印发的《幼儿园教玩具配备目录》和1992年印发的《幼儿园玩教具配备目录》均从整体上明确了幼儿园玩教具材料配备的类型、规格和数量等，做到了整体上的统一要求；另外，考虑到各地发展的实际差异，国家层面在印发的政策文件中也提出了各个地方和各个幼儿园因地制宜和量力而行的要求，如1986年印发的《幼儿园教玩具配备目录》中就列出了一些具有选配性质的玩教具材料，并指出“各地幼儿园可按比例增减配备数量和适当选购”，同时明确规定“鉴于幼儿园教玩具的多样性，目录所列规格亦为基本规格，在此基础上可变化多种规格”。同样，1992年印发的《幼儿园玩教具配备目录》也有相关规定，并针对不同地区经济发展水平和幼儿园条件确定了三类可供选择的幼儿园玩教具材料规格，这样就较好地实现了统一性与多样性的结合，具有规范性文件的指导性和参照性意义。

第二，玩教具材料配备所要求的类型日趋丰富。尽管从大类上来看，1986年印发的《幼儿园教玩具配备目录》规定了十大类玩教具材料，而1992年印发的《幼儿园玩教具配备目录》仅有九大类玩教具材料，但是在具体玩教具种类方面，前者仅有70种玩教具材料，而后者所规定的玩教具材料却达到了102种，特别是突出了科学启蒙类和图书类等玩教具材料的独特地位，在推动幼儿园玩教具材料配置更加丰富方面的意义重大，也为教师组织开展各类集体教学活动、游戏活动和生活活动等提供了物质支撑。研究与实践均表明，丰富多样的活动可以更好地激发幼儿的好奇心和探索欲，增强幼儿的学习主动性和积极性，助力幼儿形成良好的学习品质。同时玩教具材料的丰富程度也是评估幼儿园保教质量的重要因素，国家层面和地方层面关于幼儿园质量等级的评估方案或标准中都将玩教具配备的丰富性作为重要的评估指标之一。概言之，配备丰富的玩教具材料为幼儿园保教质量的保障和提升提供了可能性基础。

第三，玩教具配备要求与幼儿园教育实践发展紧密结合。科学有效的玩教具配备的根本目的是更好地促进幼儿身心全面健康发展，其中重要的“中间变量”即幼儿园教育实践活动的开展。幼儿园教育实践活动与玩教具材料之间是“体”与“用”的关系，幼儿园教育实践活动是教师根据幼儿身心发展需要开展的具有创造性、目的性的活动，是保教质量提升的“本体”，而玩教具材料则是幼儿园教育实践活动所需要的物质支撑，其必须服务于幼儿园教育实践活动的开展。因此，玩教具材料配备是否以及在多大程度上能够发挥应有的功效很大程度上取决于其是否与生动的幼儿园教育实践相结合，形成相辅相成、相互融合的局面。从这个角度来看，我国幼儿园玩教具配备的规范性文件所规定的玩教具材料目录体现出明显的与幼儿园教育实践改革发展相结合的特征。1986 年印发的《幼儿园教玩具配备目录》中提及的“体育活动器械”“计算教具”“美工教具”“音乐教具”“语言、常识教具”等类别的玩教具实质上对应了 1981 年教育部印发的《幼儿园教育纲要(试行草案)》中所要求的体育活动、计算、美术、音乐、语言、常识等幼儿园教育内容。同样,1992 年修订后印发的《幼儿园玩教具配备目录》也是根据当时图书阅读、科学启蒙等活动在幼儿园教育活动改革中日益得到重视并在实践中较为广泛地开展的现实情况所进行的调整。

第三节　我国幼儿园的教育活动政策分析

保教结合是幼儿园教育的基本要求和鲜明特色,尽管保教结合越来越成为一种改革趋势,但是从研究层面和政策规范层面来看,保育活动与教育活动仍然可以在一定程度上进行相对独立的区分。幼儿园在根本上是一种社会化的专门性教育机构,区别于其他类型的教育,其计划性、目的性、组织性更加突出,这也意味着幼儿园教育活动应该是基于幼儿身心发展特点与规律开展的有计划、有目的的活动,其中教育活动的内容即“学习什么”,以及教育活动的过程即“如何学习”是影响幼儿园教育活动成效的关键要素。相应地,国家层面也先后围绕教育活动内容和教育活动过程两个核心要素进行了政策体系的改革与完善。

一、幼儿园的教育活动内容政策分析

教育活动是关系到幼儿园保教质量的核心方面,教育活动是否符合幼儿身心发展特点与规律直接影响到幼儿是否以及在多大程度上能够实现身心全面健康发展。新中国成立以来,国家根据学前教育改革发展的阶段和幼儿身心发展的需要多次对幼儿园的教育活动内容及教育活动过程颁布了相关的政策文件,旨在引导幼儿园教师将教育思想和观念转化为科学的保教行为,着力提升幼儿园的保教质量。

(一) 幼儿园教育活动内容政策的演进历程

早在 1949 年 12 月召开的第一次全国教育工作会议上,教育部就明确提出了学前教育事业发展的总体方针,即以老解放区新教育经验为基础,吸收旧教育有用经验,借鉴苏

联经验，建设新民主主义教育。相应地，在课程安排上，我国幼儿园主要采用了老解放区幼儿园、保育院等托幼组织开设的看图识字、数数、图画、手工、游戏、唱歌、观察、体操和自由发表意见等课程经验。为推进幼儿园教育进一步规范化和科学化，1951 年，原中央教育部制定了《幼儿园暂行规程（草案）》，其中第十六条“幼儿园教养活动项目”规定幼儿园的教育内容应包括体育（日常生活、卫生习惯、体操、游戏、舞蹈和律动等）、语言（谈话、讲述故事、歌唱、谜语）、认识环境（日常生活环境、社会环境、自然环境）、图画和手工（图画、纸工、泥工、其他材料作业等）、音乐（歌唱、表情唱歌、听音乐、乐器表演）、计算（认识数目、心算、度量）等六个方面。同年 7 月印发的《幼儿园暂行教学纲要（草案）》，进一步按照小、中、大三个年龄段，从目标、教材大纲、教学要点和设备要点四个方面对幼儿园体育、语言等七个方面的教育内容进行了具体的规定。1981 年，教育部印发了《幼儿园教育纲要（试行草案）》，将幼儿园的教育内容分为生活卫生习惯、体育活动、思想品德、语言、常识、计算、音乐、美术等八个方面，值得注意的是，该文件的第一部分即“年龄特点与教育任务”，从呼吸系统、消化系统等身体发展方面以及感知觉、注意力、思维、语言、情绪等心理发展方面较为详细地介绍了 3—6 岁幼儿阶段身心发展的特点与常见行为，如在身体发展方面指出，幼儿“心脏肌肉层的厚度较成人为薄，心脏的容量也较小，每次排血量较小，心脏的负荷力较差，所以不能进行长时间的或激烈的活动”，这对于保教人员全面了解和认识幼儿身心发展特点具有重要的指导作用。同时，在“教育内容与要求”部分，该文件也针对大、中、小班幼儿身心发展的阶段性和差异性分别提出了在生活卫生习惯、体育活动等八个方面大、中、小班儿童教育的内容与要求，体现出相关教育内容前后衔接、递进发展的内在规律。

2001 年，教育部颁布了《幼儿园教育指导纲要（试行）》（以下简称《纲要》），对幼儿园教育内容进行了较为全面细致的规定，其明确指出幼儿园教育内容的全面性和启蒙性特征，将幼儿园教育内容划分为健康、语言、社会、科学、艺术等五大领域，并对每个领域提出了比较清晰的“目标”“内容与要求”“指导要点”等具体内容，以达到促进幼儿情感、态度、能力、知识、技能等各方面协调发展的目的。另外，2012 年教育部组织专家研究制定了《3—6 岁儿童学习与发展指南》（以下简称《指南》），《指南》继续保持了《纲要》确立的健康、语言、社会、科学、艺术五大领域的教育活动内容，但进一步对五大领域教育内容按照幼儿学习与发展最基本、最重要的内容划分为若干方面，具体而言，将健康领域划分为“身心状况”“动作发展”和“生活习惯与生活能力”三个子维度，将语言领域划分为“倾听与表达”“阅读与书写准备”两个子维度，将社会领域划分为“人际交往”“社会适应”两个子维度，将科学领域划分为“科学探究”“数学认知”两个子维度，将艺术领域划分为“感受与欣赏”“表现与创造”两个子维度，每个方面都进一步明确了具体的学习与发展目标和教育建议，如在身心状况维度下，分为“目标 1：具有健康的体态”“目标 2：情绪安定愉快”“目标 3：具有一定的适应能力”三个具体目标。整体上看，《指南》一方面重申了《纲要》颁行以来我国幼儿园教育内容改革的总体方向与核心要素，另一方面体现出明显的实践操作性强和参考借鉴意义大的特点，通过全方面、具体化地对相应的内容和目标等进行明确，有力地推动了包括幼儿园和家庭在内的幼儿教育实践主体更加科学、切实地扭转教育观念和优化教育行为与方式。

（二）幼儿园教育活动内容政策的特点与趋势

从新中国成立以来政策层面对我国幼儿园教育活动内容规定的变化趋势来看，尽管不同经济社会发展和学前教育改革阶段，国家话语体系下幼儿园教育内容存在着明显的差异，但是各个发展阶段又有其明显的内在逻辑性。总体上看，我国幼儿园教育活动内容体现出重视幼儿身心发展规律、实践操作性不断增强、追求整合性和活动性等主要特点，较好地引领和支撑了我国幼儿园保教质量与水平的不断提升。

首先，幼儿园教育内容的规定体现出逐渐重视儿童身心发展规律的特点。新中国成立初期，由于经济社会发展水平较低，对幼儿身心发展的科学研究基础较为薄弱，所规定的幼儿园教育内容具有较强的“工具性价值”取向，即相较于对幼儿身心发展特点与规律的重视，更加追求教育内容与经济社会发展需要相衔接，在幼儿园教育中出现了按照相应的学科开展教育活动的情况，这从其中所使用的“教材大纲”“教学要点”等字眼中就可见一斑。尽管其在形成全国层面较为统一和规范的教育内容标准体系方面具有开创性意义，但是由于并未较好地从幼儿身心发展特点与规律出发，客观上降低了幼儿园教育内容的科学性和适宜性。相较而言，在 20 世纪 80 年代出台的《幼儿园暂行教学纲要（草案）》开始突出幼儿身心发展特点与规律在确定幼儿园教育内容中的关键作用，在后续颁行的《纲要》《指南》中更是重申应以幼儿身心发展为本这一核心理念，在对幼儿身心发展特点研究成果不断积累的支撑下，相应的教育内容也更加明确地体现出年龄适宜性、阶段适宜性等特色。

其次，幼儿园教育内容的实践操作性不断增强。较早对幼儿园教育内容做出明确规定的《幼儿园暂行规程（草案）》仅提出了教育内容的相关条目，并未对教育内容进行较为详细的描述性规定。后续颁行的与幼儿园教育内容相关的文件逐步对教育内容之下的核心内容、主要目标及其基本要求等方面进行了具有实践实操性的规定，特别是《指南》中将幼儿园教育内容五大领域细分为 11 个方面的主要目标，每个目标下又提出了具体目标及相应的教育建议，更为全面和清晰的政策性指引也能够避免相关教育内容在实践中被曲解，降低了相关政策规定转换为教育实践的坡度和难度，较好地体现了政策的规范性、指引性价值。

最后,幼儿园教育内容追求整合性和活动性。幼儿身心发展是认知、行为和社会性等方面的综合发展,而幼儿学习具有鲜明的直观性、主动性和操作性等特征,这就相应地要求幼儿园教育内容也应该体现出整体性和活动性的特点。我国较早出台的政策文件受到苏联幼儿教育理念的影响,存在着教育内容相对割裂、寻求各个部分分别发展的问题,后续出台的政策文件逐步认识到这一问题,并不断推进幼儿园教育内容的整体性,推动了我国幼儿园教育内容从分科课程向领域课程的转化。尽管当前《纲要》和《指南》所确立的健康、语言、社会、科学、艺术五大领域从表面上看仍然是相对独立的,但是相关政策已经明确提出这种区分仅仅是相对而言的,各个领域之间存在着相互交融,如《指南》中就明确指出,“儿童的发展是一个整体,要注重领域之间、目标之间的相互渗透和整合,促进幼儿身心全面协调发展,而不应片面追求某一方面或几方面的发展”。以整体性思路推进的幼儿园教育内容改革较好地摆脱了以知识和经验本身为大纲的传统做法,让教育活动内容回归到以儿童心理发展为本,较好地促进了幼儿身心全面健康发展。

二、幼儿园的教育活动过程政策分析

除教育活动内容外,教育活动过程如何组织对提升幼儿园保教工作的质量也至关重要。所谓幼儿园保教活动过程,简而言之就是幼儿园遵循何种理念、运用何种方式开展保教活动。教育活动过程本质上是教育观的外在体现,我们回顾新中国成立以来我国幼儿园教育活动过程主要方向的变革历程,可以看出在不同的历史时期,在不同教育观的影响下,幼儿园教育活动过程也存在着非常明显的差异。

(一) 幼儿园教育活动过程政策的演进历程

首先,新中国成立后我国在政治、经济、社会等较多方面积极地向苏联学习,其中也包括教育领域。在苏联学前教育主流模式的影响下,我国逐步形成了以知识教授为重点的类似于分科教学的教育活动过程。1950 年 9 月,教育部发出通知,要求全国所有幼儿教育工作者学习苏联的《幼儿园教养员工作指南》,用以指导新中国幼儿教育实践,拉开了新中国学习苏联学前教育理论的序幕。从 1953 年起,我国陆续翻译出版了苏罗金娜的《学前教育学》、查包洛塞兹的《幼儿心理学》、沙巴也娃的《教育史》、维特罗金娜的《幼儿园音乐教学法》、萨古林娜的《幼儿园绘画教学法》以及有关幼儿卫生学、语言、游戏、体育锻炼、三岁前集体教养等几十种书籍,它们成为我国高等师范院校学前教育专业和幼儿师范学校的主要教学用书，为深入学习苏联学前教育理论创造了条件，对我国学前教育影响极大。[①] 在具体关于幼儿园教育活动过程的政策文件方面，1951 年印发的《幼儿园暂行教学纲要（草案）》是新中国成立后较早对幼儿园教育活动过程做出规范的文件，文件名中的“教学”二字在很大程度上反映出当时幼儿园教育“以教为主”的主导价值观念。在具体内容方面，该文件特别指出幼儿园的课程需要通过作业来完成，并将幼儿园的教育分为必修作业和选修作业。必修作业是在教师指导下的集体学习，该文件中的具体教育内容都是为必修作业所设定的；选修作业是儿童按照自己的意愿选择的作业。在此背景下，当时的幼儿园教育活动出现了“重智育，轻德育、体育，重教师教轻学生学，重上课轻游戏”的倾向。[②]

1979 年颁布的《城市幼儿园工作条例（试行）》和 1981 年印发的《幼儿园教育纲要（试行草案）》作为旨在恢复“文革”后幼儿园教育教学秩序的规范性文件，对幼儿园教育过程进行了较为明确的规定。其中《城市幼儿园工作条例（试行）》就指出“游戏是幼儿的基本活动”，但这里的“游戏”主要是指“教学游戏”而非幼儿可以自主选择、自主探究的游戏；同时继续用“作业”作为教学活动的统称。我们不难看出，该文件对 1951 年《幼儿园暂行教学纲要（草案）》基本理念的延续痕迹非常明显。[③]《幼儿园教育纲要（试行草案）》将“教学纲要”改为“教育纲要”，力图扭转幼儿园中将教育窄化为教学的状况，同时提出幼儿园应该采用“游戏、体育活动、上课、观察、劳动、娱乐和日常生活”等多种手段，客观上丰富了幼儿园教育活动的组织形式。但是由于该阶段幼儿园教育改革的核心取向是建立规范性的秩序，加之教师队伍素养参差不齐，在实践中更多采取严格照搬文件内容的方式，本质上并未改变以“上课”为主要形式的幼儿园教育活动过程。

直至 1989 年，原中央教育部在《幼儿园工作规程（试行）》中才首次用“教育活动”代替“作业”和“上课”，这标志着以活动为主要教育形式的理念逐步确立。1996 年修订的《幼儿园工作规程》进一步提出“创设与教育相适应的良好环境，为幼儿提供活动和表现能力的机会与条件”“积极发挥幼儿感官作用，灵活地运用集体或个别活动的形式，为幼儿提供充分活动的机会”，幼儿作为学习主体的理念得到了延续与深化。继而，2001 年教育部颁布的《幼儿园教育指导纲要（试行）》，作为 21 世纪以来我国学前教育的重要政策文件，是改革开放 20 余年我国学前教育课程理论与实践研究的结晶，在改革幼儿园教育活动过程方面具有“分水岭式”的作用，全面充分地反映了改革开放以来幼儿园课程发展方向，其一改过去重视以教师主导、知识教授为主要形式开展教育活动的模式，开始提倡

① 王福兰.共和国教育学 70 年·学前教育学卷[M].北京：北京师范大学出版社，2020.

② 唐淑.幼儿园课程基本理论和整体改革[M].南京：南京师范大学出版社，1998.

③ 田景正.改革开放 40 年我国学前教育课程改革的考察[J].教育科学研究，2019(5)：60－65.

以幼儿为本，以游戏为基本活动，教师则成为幼儿学习活动的支持者、合作者、引导者，通过创设环境和组织实施各类游戏活动等，激发幼儿学习的兴趣与欲望，培养幼儿的主动学习能力，以便其能够提升认知适应能力，并获得改造世界的学习品质和学习经验，如其中健康领域内容的“指导要点”就指出，“培养幼儿对体育活动的兴趣是幼儿园体育的重要目标，要根据幼儿的特点组织生动有趣、形式多样的体育活动，吸引幼儿主动参与”。这一文件的颁布实质上是以国家话语的形式推动幼儿园教育活动过程的大变革，从教师中心向儿童中心，从教学中心向学习中心，从知识中心向经验中心等全方面转变。这一核心理念在《指南》和新修订的《幼儿园工作规程》中均一以贯之和更加深入地予以强调与践行。

（二）幼儿园教育活动过程政策的特点与趋势

我国幼儿园教育活动过程的变化作为我国幼儿园课程改革的重要组成部分，体现出鲜明的时代特征，也从根本上反映出不同时代背景下教育观、儿童观、教学观的差异。整体上看，我国幼儿园教育活动过程方面的政策文件体现出更加重视儿童的主体性，更加重视一日活动的价值整合的趋势。

一方面，1951 年原中央教育部印发的《幼儿园暂行教学纲要（草案）》核心思想是以作业的方式促进幼儿的学习与发展，而作业以必修作业为主，必修作业本质上是具有预成性质的课程内容安排，其相应的教育活动组织形式也主要为教师主导下的分科式教学，儿童的主体性并未得到较好的重视与尊重；1981 年颁布的《幼儿园教育纲要（试行草案）》规定的学科内容及每周课时数，在实践中得到转换的结果是将“上课”作为幼儿园教育活动组织的主要形式，在教育主体中重视教师的教而忽视学生的学，在教育内容上也忽视了幼儿的学习经验与兴趣等，并未很好地体现和遵循幼儿园教育的基本规律与特点。这一趋势在后期颁布的《幼儿园工作规程（试行）》（1989 年）、《幼儿园工作规程》（1996 年）和《幼儿园教育指导纲要（试行）》（2001 年）等文件中有所改变。1989 年和 1996 年先后颁布的《幼儿园工作规程》均强调了幼儿园教育活动组织过程中“活动”的重要性，以及尊重幼儿的主体性和激发幼儿学习的主动性。后续颁布的《幼儿园教育指导纲要（试行）》、《指南》、《幼儿园工作规程》（2016 年）等更是以领域活动的方式对如何更好地适应幼儿身心发展特点和尊重幼儿的主体性进行了更为深入细致的指引，如《指南》在实施意见中特别提出“幼儿的学习是以直接经验为基础，在游戏和日常生活中进行的。要珍视游戏和生活的独特价值，创设丰富的教育环境，合理安排一日生活，最大限度地支持和满足幼儿通过直接感知、实际操作和亲身体验获取经验的需要”。《幼儿园工作规程》（2016 年）则强调，教育活动的过程应注重支持幼儿的主动探索、操作实践、合作交流和表达表现，不应片面追求活动结果。可以说，教与学关系的变化从根本上改变了幼儿园教育活动过程的样态，促进了幼儿有意义学习活动的发生。

另一方面，教育活动过程更加重视一日生活的价值整合。在以教为本的理念指引下，幼儿园教育活动局限于对“课表”中所规定的内容的呈现，而这些内容并非来源于幼儿的兴趣与实践经验，这与基于学习者兴趣和已有经验相连接的有意义学习存在较大差异，也使得幼儿的学习更多限于知识的学习，而缺乏学习品质的塑造。相反，在以学为本的理念转变后，幼儿园教育活动得到了极大的丰富，以当前我国主流的幼儿园活动分类格局看，除了教育活动（集体教学活动），还包括游戏活动和生活活动，每种类型的活动并非相互割裂，而是一种协调统一的关系，更加重视幼儿主动的学习，每种类型的活动都在充分尊重幼儿身心发展规律和特点的基础上力图促进幼儿优秀品质的培养和经验的积累，较好地保障和提升了幼儿学习的有效性。正如张雪门先生在论述其“行为课程”时所言，儿童“从行动中所得的知识，才是真实的知识；从行动中所发生的困难，才是真实的问题；从行动中所获得的胜利，才是真实的制驭环境的能力”①，这也是对以杜威为代表的进步主义思想中“儿童中心”与“做中学”的践行。经过长期的改革，我国幼儿园教育活动的组织方式整体上实现了由教为主向学为主的理念和实践的转变，但是一些地区受特殊的社会经济环境影响，还存在以灌输的方式教授知识等明显的“小学化”现象，或者存在对以幼儿为本理念的实践转化不够彻底而造成幼儿深度学习不足等问题，需要在后续学前教育改革工作中予以针对性治理。

第四节　我国幼儿园的教师队伍政策分析

教育大计，教师为本。教师是教育的第一资源，是国家富强、民族振兴、人民幸福的重要基石，没有优秀的教师，难以生发优质的教育。理论与实践均表明，配备完整、素质较高的幼儿园教师队伍是保障幼儿园保教质量不断提升的关键所在。围绕如何提升幼儿园保教质量、促进学前教育事业健康可持续发展，国家在政策层面对幼儿园教师队伍建设持续关注，为建设一支高素质、善保教的教师队伍提供了有力保障。总体上看，关于幼儿园教师的政策较为繁杂，但大致围绕着人员配备和专业发展两个主要方面进行政策体系构建。

① 戴自俺.张雪门幼儿教育文集[M].北京：少年儿童出版社，1994.

一、幼儿园人员配备政策分析

教师是幼儿园保教质量的关键要素，无论是作为结构性质量的安全卫生、环境创设等，还是作为过程性质量的师幼互动、园所文化等，均离不开数量充足且素养较高的教师队伍作为支撑。需要指出的是，由于幼儿园教育具有保教结合的显著特点，本部分所指"幼儿园教师"除了幼儿园专任教师，也不同程度地将与保育员和园长等幼儿园保教人员相关的政策一并进行梳理。

（一）幼儿园人员配备政策的演进历程

长期以来，我国幼儿园教师的配备一直缺乏统一的标准予以规范，造成实践层面出现幼儿园教师配备不足引起的工作压力大、高质量保教工作难以有效开展等问题。1987年3月，原国家劳动人事部、国家教委颁布了《全日制、寄宿制幼儿园编制标准（试行）》，首次明确我国幼儿园编制标准，提出全日制幼儿园教职工与幼儿的比例应为"1∶6—1∶7"，宿舍制幼儿园教职工与幼儿的比例应为"1∶4—1∶5"。具体而言，园长配备方面，3个班以下的幼儿园设1人；4个班以上的幼儿园一般设2人；10个班以上的寄宿制幼儿园可设3人。专职教师方面，全日制幼儿园寄宿制幼儿园一律平均每班配2—2.5人。保育员方面，全日制幼儿园平均每班配0.8—1人；寄宿制幼儿园平均每班配2—2.2人。该标准为编制配备标准，虽然相应的编制配备对推进人员配备有较大推动作用，但是编制配备与人员配备仍然存在差异，特别是对于编外聘用教师较为普遍的幼儿园更是如此。为进一步规范幼儿园的办园行为，促进幼儿园教师队伍建设，满足幼儿在园生活、游戏和学习的需要，确保幼儿接受基本的、有质量的学前教育，促进幼儿健康成长，2013年1月，教育部印发了《幼儿园教职工配备标准（暂行）》，对"全日制"和"半日制"等不同服务类型、大中小不同年龄班、不同班级规模中专任教师和保育员的配备数量进行了明确规定，其中全日制幼儿园每班配备2名专任教师和1名保育员，或配备3名专任教师；半日制幼儿园每班配备2名专任教师，有条件的可配备1名保育员；寄宿制幼儿园至少应在全日制幼儿园基础上每班增配1名专任教师和1名保育员；单班学前教育机构，如村学前教育教学点、幼儿班等，一般应配备2名专任教师，有条件的可配备1名保育员。整体上看，全日制幼儿园全园保教人员与幼儿的比例应为"1∶7—1∶9"，半日制幼儿园全园保教人员与幼儿的比例应为"1∶11—1∶13"。国家层面对幼儿园保教人员配备标准的出台为各个幼儿园教师队伍建设提供了重要的参照与遵循，有力地推动了各地和各类幼儿园补足配齐幼儿园教师队伍，为幼儿园保教质量的保障与提升提供了基本的人力支撑。该标准中的相关规定也成为对幼儿园开展保教质量评估的重要依据。

除幼儿园教师数量外，政策层面对幼儿园所配备的保教人员基本素养也进行了明确的规定，主要包括基本资质和专业素养两个方面。在基本资质方面，《幼儿园工作规程》（2016 年）中明确要求幼儿园教师“必须具有《教师资格条例》规定的幼儿园教师资格”，幼儿园保育员“应当具备高中毕业以上学历，受过幼儿保育职业培训”，幼儿园园长“应当具有《教师资格条例》规定的教师资格、具备大专以上学历、有三年以上幼儿园工作经历和一定的组织管理能力，并取得幼儿园园长岗位培训合格证书”。在专业素养方面，《幼儿园教师专业标准（试行）》和《幼儿园园长专业标准》从理念与师德、知识、能力等多方面指明了幼儿园教师和园长的专业发展的维度、领域和基本要求。其中 2012 年出台的《幼儿园教师专业标准（试行）》分别从专业理念与师德、专业知识、专业能力 3 个维度提出了 14 个专业标准领域以及 62 条基本要求，较为全面地描绘了国家层面对合格幼儿园教师专业素质的基本要求，也对现实教育情境中幼儿园教师实施的保教行为具有重要的规范作用。2015 年出台的《幼儿园园长专业标准》则是对幼儿园合格园长专业素质提出了“营造育人文化”“领导保育教育”等 6 条专业职责和 60 条专业要求。具体到师德师风方面，《幼儿园工作规程》（2016 年）明确要求，幼儿园教师、保育员、园长均需要“贯彻国家教育方针，具有良好品德，热爱教育事业，尊重和爱护幼儿，具有专业知识和技能以及相应的文化和专业素养，为人师表，忠于职责，身心健康”。2018 年，教育部专门印发了《新时代幼儿园教师职业行为十项准则》，从“坚定政治方向”“自觉爱国守法”“传播优秀文化”“潜心培幼育人”“坚守廉洁自律”等 10 个方面提出了幼儿园教师应该遵守的职业操守的德行。2022 年印发的《评估指南》进一步要求幼儿园教师应该具有“坚定的政治信仰，按照‘四有’好教师标准履行幼儿园教师职业道德规范，爱岗敬业，关爱幼儿，严格自律，没有歧视、侮辱、体罚或变相体罚等有损幼儿身心健康的行为”，在基本资质和师德师风方面的政策规定为把好幼儿园教师“入口关”，为幼儿园教师以仁爱之心投入工作提供了有力的保障。

（二）幼儿园人员配备政策的特点与趋势

纵观我国幼儿园教师人员配备的政策演变体系，我们可以看出相关政策体系在不断完善，整体上呈现出质量与数量并重，涵盖各类园所、各类保教人员，以及素质要求不断提高等特点。

首先，我国幼儿园人员配备政策不仅重视幼儿园教师数量的充足，也对幼儿园教师基本素养的诸多方面提出了要求。较早的政策文件主要是以对幼儿园教师数量配备为重点，如 1987 年颁布的《全日制、寄宿制幼儿园编制标准（试行）》和 2013 年印发的《幼儿园教职工配备标准(暂行)》,均侧重于解决幼儿园需要配备多少保教人员的问题。相比较而言,后期的政策则更加侧重对幼儿园教师质量的要求与规范,如《幼儿园教师专业标准(试行)》《幼儿园园长专业标准》《新时代幼儿园教师职业行为十项准则》等,对幼儿园各类保教人员应该具备的专业素养等进行了全面的规范,明确了幼儿园各类人员需要达到怎样的素养要求的问题。上述两个方面的政策文件先后交互式地颁布实施也从另一个方面反映出幼儿园教师的数量和质量始终是其中的关键点。

其次,我国幼儿园教师人员配备政策体系涵盖了各类园所和各类保教人员。一方面,我国幅员辽阔,各地经济社会发展状况差异较大,加之社会大众学前教育需求越来越多样化,客观上需要全日制、半日制、寄宿制等不同类型的园所。不同类型的园所对教师队伍的配备数量要求客观上是有差异的。当前我国关于幼儿园教师配备数量的政策文件,不仅对全日制的幼儿园教师数量配备进行了明确,同时也对半日制和寄宿制等办园类型的幼儿园如何进行教师配备予以规定,从根本上看,这既是对不同办园类型幼儿园办园规律的尊重,也是对不同办园类型下幼儿园保教质量能够得到应有保障的积极回应。另一方面,由于幼儿园具有显著的保教结合的特点,除幼儿园教师外,相关政策文件也将包括园长、保育员等各类保教人员的配备人数、资格要求等纳入其中,较好地保证了幼儿园教师队伍中专任教师、保育员和其他管理人员能够在各司其职的基础上实现高效配合。

最后,随着国家经济社会的发展,特别是对学前教育质量要求的不断提高,国家层面对幼儿园教师队伍素质的要求也在不断提高,以确保培养、聘用和培训等各个环节综合发力,以优质教师支撑优质的学前教育公共服务体系。相关政策对幼儿园教师的从教资格、学历、专业素养、师德师风等方面进行了非常全面的规定,基本上囊括了从事幼儿园保教工作的各个方面,且各个方面的要求也在不断具体化和高规格化,如在幼儿园教师专业素养方面,《幼儿园教师专业标准(试行)》从诸多方面对幼儿园教师在专业理念与师德、专业知识和专业能力等应该达到的要求提出了非常全面系统的规定,对于幼儿园教师提升自身专业素养具有重要的参照和引导作用。在教师学历方面,2021 年公布的《中华人民共和国教师法(修订草案)(征求意见稿)》明确指出,取得幼儿园教师资格,应当具备高等学校学前教育专业专科或者其他相关专业专科毕业及其以上学历。虽然其非生效后的法律文件,但是我们由此也可以看出政策对幼儿园教师学历要求不断提高的趋势。

二、幼儿园教师专业发展政策分析

幼儿园教师作为专业技术人员,其专业发展不仅是增强幼儿园教师职业认同感和提升幼儿园教师专业素养的重要途径，更是从根本上保证人员素养的基本保障。幼儿园教师的专业发展主要涉及幼儿园教师的专业培训和职称晋升两个方面的内容，其中专业培训是专业发展的主要方式，职称晋升则是激发教师专业发展热情和动力的制度指引，而与之相配套的政策又是支撑和保障幼儿园教师专业发展的重要影响因素之一。

（一）幼儿园教师专业发展政策的演进历程

实事求是地看，新中国成立后的较长时间里，我国幼儿园教师在专业培训方面缺乏相关政策制度的保障。1979 年召开的全国托幼工作会议形成的《全国托幼工作会议纪要》中尽管对幼儿园教师培训的保障经费进行了较为明确的指示，提出“各级教育、卫生部门举办的幼儿园、托儿所经费和培训各类园、所保教人员、医务人员以及开展托幼工作其他活动所需费用，分别由教育事业费和卫生事业费列支”，但是对于幼儿园教师需要接受何种培训，如何组织开展培训、培训时长和周期为多久等都没有明确。1993 年颁布的《中华人民共和国教师法》较早以法律的形式对包括幼儿园教师在内的中小学教师专业培训的主导部门、承接单位等予以明确，指出“各级人民政府教育行政部门、学校主管部门和学校应当制订教师培训规划，对教师进行多种形式的思想政治、业务培训”，各级教师进修学校和非师范学校则需要承担开展教师培训的任务。2003 年印发的《关于幼儿教育改革与发展的指导意见》继续强调了幼儿园教师培训的重要性，指出要“制订幼儿教育师资培养、培训规划，加强幼儿教师培养、培训机构的建设。要按教育部《中小学教师继续教育规定》的要求，将幼儿教师的培训纳入当地中小学教师继续教育规划”。

2010 年，国务院印发《关于当前发展学前教育的若干意见》，明确指出建立幼儿园园长和教师培训体系，满足幼儿教师多样化的学习和发展需求。此外，意见分三年和五年两个阶段，要求对园长和教师进行国家级培训和全员培训，由此保障了培训的落地实施。2011 年，教育部正式启动实施幼儿教师国家级培训计划，由中央财政安排专项资金支持幼儿教师参加国家级培训，并逐步实现常规化、标准化、制度化。国培计划的高定位以及高规格极大地保障了幼儿园教师在职培训权利的实现，是具有里程碑意义的战略部署。2012 年，教育部、中央编办、财政部、人力资源社会保障部共同印发的《关于加强幼儿园教师队伍建设的意见》进一步明确要求，实行幼儿园教师 5 年一周期不少于 360 学时的全员培训制度，培训经费纳入同级财政预算。幼儿园按照年度公用经费总额的 5%安排教师培训经费，扩大实施幼儿园教师国家级培训计划，加大面向农村的幼儿园教师培养培训力度。2013 年，教育部办公厅、财政部办公厅印发《“国培计划”示范性集中培训项目管理办法》《“国培计划”示范性远程培训项目管理办法》《“国培计划”中西部农村中小学骨干教师培训项目和幼儿园教师培训项目管理办法》三个重要文件，对包括幼儿园教师在内的中小学教师国家级培训的培训对象、培训内容、培训机构、培训管理、职责分工和经费保障等进行了全面的规定，确立了国家级幼儿园教师培训的政策框架体系，对具有重要示范引领作用的幼儿园教师国家培训体系的规范化、长效化运行提供了制度保障。

在幼儿园教师职称晋升方面，1986 年原国家教育委员会印发了《中学教师职务试行条例》《小学教师职务试行条例》《关于中小学教师职务试行条例的实施意见》等文件，标志着中小学教师职称晋升制度的正式确立，幼儿园教师虽未被单列，但是文件中明确指出了条例适用于幼儿园。其中《小学教师职务试行条例》明确小学（含幼儿园）教师职务类型设置为小学高级教师、小学一级教师、小学二级教师、小学三级教师，实行聘任或任命制，明确了幼儿园教师的职称序列及其相应的职责、任职条件和考核评审方式等。这对调动广大幼儿园教师的积极性、提高幼儿园教师队伍整体素质、促进学前教育事业发展发挥了积极作用。需要指出的是，幼儿园教师职称等级序列并未单列，而是依附于中小学教师，在该政策文件中以括号的形式跟在中小学教师之后。随着中小学人事制度改革的深入推进、素质教育的全面实施和教师队伍结构的不断优化，1986 年以来实施的中小学教师职称制度中等级设置不够合理、评价标准不够科学、评价机制不够完善等问题逐渐凸显，难以有效适应基础教育发展的现实要求。2015 年，人力资源和社会保障部、教育部联合印发的《关于深化中小学教师职称制度改革的指导意见》成为擘画新时代新阶段中小学教师职称制度格局的纲领性文件，该文件有两个突出特点：一是将中小学教师职称制度进行统一合并，合并后的教师职称分为初级、中级和高级三大类别；二是摆脱过去中小学教师正高级职称评聘困难的制度困境，在中小学教师职称序列中增设了正高级职称，此后全国各地陆续实施了中小学正高级教师职称评审制度。另外，该文件以附件的形式明确了《中小学教师水平评价基本标准条件》，对教师的学历、业绩和专业能力做了明确的规定，使得教师的专业发展更加规范化。但是客观上看，多次针对中小学教师职称制度的改革虽然都是将幼儿园教师包含在内的，但是均未曾建立幼儿园教师独立的职务体系和职称评价标准，幼儿园教师职称等级评定依照的是小学教师职称序列，[①]这在很大程度上导致了幼儿园教师职称指标被挤占、职称评价标准不符合幼儿园教育实践要求等情况的发生，制约了职称制度在激励教师专业发展和提高保教水平中的作用。

（二）幼儿园教师专业发展政策的特点与趋势

幼儿园教师专业发展政策作为影响幼儿园教师整体质量和专业素质的重要因素，在我国幼儿园教师队伍建设过程中发挥了极为重要的作用。通过对相关政策的回顾分析我们

---

① 洪秀敏，张明珠．新中国成立 70 周年幼儿园教师队伍建设的回顾与展望[J]．幼儿教育，2019(28)：4－9．

可以看出，我国幼儿园教师专业发展政策呈现出体系不断完善、专业性逐渐凸显的特点。

一方面，无论是幼儿园教师专业培训还是职称晋升，相应的政策能够发挥应有的作用都不仅仅需要单个或者单方面的政策，还应该有相应的体系化政策相互配合、相互支撑。从这个角度看，我国幼儿园教师专业发展政策的首要特征即政策体系不断完善。在幼儿园教师培训方面，从最开始的培训理念政策，到后期逐渐对培训主体、培训对象、培训方式、培训内容、经费保障、培训时长等方面做出明确的规定，建立国家、省、市、县、园所在内的五级培训体系，同时针对不同地区、不同专业发展阶段的幼儿园教师也建立类型丰富的培训项目的相关政策，较好地保障了幼儿园教师通过接受培训提升自身专业素养的权利。在幼儿园教师职称方面同样如此，尽管当前我国在国家层面仍然没有建立起独立的幼儿园教师职称系列体系，但是在两次重大改革过程中，幼儿园教师不同等级职称相应的学历、业绩和专业能力等更加明细化和标准化，而且幼儿园教师同样可以参加正高级职称的评聘，这对实践中更加公平地推行幼儿园教师职称评聘制度、激发幼儿园教师专业发展的活力具有重要意义。另外，值得欣喜的是，一些地方已经先试先行，积极探索建立独立的幼儿园教师职称序列，如江苏、安徽等地已出台单独的幼儿园教师职称评定标准，地方性探索所积累的经验无疑将进一步推动我国幼儿园教师职称制度的完善。

另一方面，幼儿园教师专业性日益得到凸显。新中国成立后的相关政策文件对幼儿园教师的称呼为“教养员”，主要关注其养护和照料的职责。直至 1981 年，教育部制定《幼儿园教育纲要（试行草案）》，才将“教养员”改成“教师”，后期《中华人民共和国教育法》《中华人民共和国教师法》等法律文件逐步明确了幼儿园教师与中小学教师同样具有作为专业人员的身份与地位。后期单独以幼儿园教师命名的政策文件，如《幼儿园教师专业标准（试行）》《关于加强幼儿园教师队伍建设的意见》等陆续出台。上述变化本质上是国家和社会对幼儿园教师专业性认识不断深化的结果，也对增进幼儿园教师的专业认同感和责任感具有广泛而深远的意义。从时间维度看，2010 年以来，我国幼儿园教师专业发展政策体系建设进入了“快车道”，主要体现在相关政策文件出台更加密集，这也反映出在学前教育高质量发展的背景下，国家对于幼儿园教师专业发展政策体系建设的高度重视，幼儿园教师在建立高质量学前教育公共服务体系中具有不可或缺的重要作用。

第三章　幼儿园保教质量提升的实践探索

幼儿园保教质量的提升响应了时代号召，满足了人们对于学前教育高质量发展的期待与愿景。《评估指南》坚持以促进幼儿身心健康发展为导向，聚焦幼儿园保育和教育过程质量，评估内容主要包括办园方向、保育与安全、教育过程、环境创设和教师队伍五个方面。本章提及的幼儿园保教质量提升的实践经验主要涉及课程建设、幼儿园学习环境、师幼互动质量与教师专业发展四个方面，充分结合幼儿园教育教学实践经验，并始终坚持以促进幼儿学习与发展为目标，注重提升幼儿园保教质量，增强幼儿园整体发展的可持续性。其中，对幼儿园保教质量提升实践经验的总结是源于对《评估指南》的现实思考，实践经验与指南内涵不谋而合，基于正确把握评估指南中过程质量的核心要素，并充分结合一线教育实践，在日常教学工作中结合幼儿园保教过程质量要点以有效为保教质量提升增强应用性与实践性，是对《评估指南》精神的拓展与深化，共同致力于促进学前教育高质量发展。

第一节　加强幼儿园高质量课程建设

幼儿园课程是实现幼儿园教育目的的手段，是幼儿园教育过程性质量的核心构件，对幼儿园高质量发展具有重要意义。质量是实体特征满足服务客体需要的程度。[①] 幼儿园课程质量是幼儿园为实现教育目标所使用的中介与手段可以达到的一个程度，是保证幼儿园教育质量的前提。

作为推进幼儿园教育高质量发展的时代之需，幼儿园高质量课程建设是实现幼儿可

① 王典，吴玲，李克建.幼儿园结构性质量要素组态对课程质量的作用路径与机制——基于模糊集定性比较分析法的研究[J].学前教育研究，2022(9)：1－14.

持续发展的关键之径。[①] 对于幼儿园课程质量的提升与可持续发展，首先，幼儿园的行政管理层面可以做好课程引领与保障；其次，教师需加强自身对于课程建设的专业核心素养；最后，幼儿园可以形成具有自身特色的课程体系。

一、加强幼儿园制度文化管理以实现课程引领与保障

幼儿园课程改革进程日益深化，为有效促进幼儿园课程高质量发展目标的实现，需加快建立多层级、多角度的幼儿园课程治理机制。[②] 幼儿园课程建设离不开幼儿园行政、物资和人力等资源，因此，要以幼儿园综合发展的关键要素为着力点加强幼儿园制度文化管理建设，促进幼儿园课程治理实施形成生态多元的运行机制，最大限度地发挥各级管理层面的主体作用。

（一）加强对幼儿园的技术支持与资金保障

1. 注重宏观层面对幼儿园课程建设方向的把控作用

（1）国家基于核心素养的阶段任务促进幼儿园课程衔接

核心素养是个体适应社会、为社会发展做出贡献的同时维系个体生存的最基本、最重要的素养。核心素养等于知识技能，其具有相对稳定性、阶段性与层次性。鉴于以上特性，国家应从宏观层面把握教育对不同个体核心素养形成的阶段性任务，并把阶段性任务分解为对应的各级课程目标。一方面，加强各级各类课程在纵向上的衔接性；另一方面，尽力避免以往各类课程在衔接上对学科知识过分依赖而带来的负面影响。在幼儿园课程层面要发挥其可持续发展能力，制定课程目标不能简单地以知识、技能为依据，应基于个体核心素养培育的阶段任务。

（2）幼儿园基于个体成长需要的出发点确定课程计划

幼儿园课程建设包括设置课程目标、选择课程内容、确定课程组织形式、进行课程评价四个方面。其一，《指南》明确提出，在设置课程目标时幼儿园需要有目的、有计划地开展教学活动，以促进幼儿全面发展。其二，在选择课程内容时，《幼儿园教育指导纲要（试行）》指出教学活动内容的制定需体现“既适合幼儿的现有水平，又有一定的挑战性；既符合幼儿的现实需要，又有利于其长远发展；既贴近幼儿的生活选择幼儿感兴趣的事物和

① 刘雨杭，姚伟，柳海民.幼儿园高质量课程建设：价值意蕴、现实困境及纾解之策[J].湖北社会科学，2023(1)：154－161.

② 刘雨杭，姚伟，柳海民.幼儿园高质量课程建设：价值意蕴、现实困境及纾解之策[J].湖北社会科学，2023(1)：154－161.

问题，又有助于拓展幼儿的经验和视野”三点原则。其三，在课程组织中，教师根据实际情况合理调整教学内容，发挥教师主导作用与幼儿主体作用，突出教育活动的目的性和计划性。其四，在评价幼儿园课程时，不应简单地考察课程目标的实现情况，而应对实现目标的整体流程予以高度重视。①

2. 发挥专业技术对幼儿园课程建设的引领作用

（1）注重幼儿园教师专业发展的转变

教师是基于育人实践之上的个体经验不断进行总结反思、提炼创新的主动反思者。在教育实践中，教师专业发展的理论模型经历了技术型—反思型—生命实践型的多次转变，以解放理性为基础的生命实践型教师专业发展模型逐渐形成。这也意味着幼儿园教师实现专业发展主要从技术型转向反思型，再转向生命实践型的进程。

（2）加强专家指导以帮助一线教师摆脱理论不足的困境

幼儿园一线教师应当走出片面传授幼儿学科知识、传授家长育儿经验的误区，重点关注基于幼儿生活的课程开发、基于游戏的幼儿学习方法创新，因此需要加强外在环境的支持，如专家指导理论知识。②

3. 发挥行政部门在幼儿园课程建设中的资金保障作用③

（1）确保过程资金到位以加快推进幼儿园课程建设的实施

其一，加大教育资金的投入力度。优化调整教育财政支出的结构，提高改善与建设幼儿园设施的教育经费，以确切保障幼儿园获取充足的过程资金来创设有准备的环境。④其二，加强教育资金的管理。增设有效的经费管理机制，明确各幼儿园的发展情况与实际需求，确保教育资金公平投放、规范使用，推动高质量课程建设工作的有效落实。⑤

（2）保障教师工资待遇以稳固推动幼儿园课程建设的开展

第一，健全教师工资待遇监督检查机制。与政府各部门、幼儿园、社会形成合力，共同监督各项幼儿园教师薪资待遇政策的执行状况并督促其落实到位。⑥ 第二，适时优化教师工资待遇增长机制。定期评估幼儿园教师奖励机制的实施效果，灵活调整教师增核奖励性绩效薪资制度。⑦

---

① 赛娜.幼儿园课程建设与实施现状研究——以西安市 10 所幼儿园为例[D].西安:陕西师范大学,2020.

② 黎平辉,邓秀平.幼儿园课程可持续发展的理论阐释与实践路径[J].河北师范大学学报(教育科学版),2023(2):125 - 134.

③ 赛娜.幼儿园课程建设与实施现状研究——以西安市 10 所幼儿园为例[D].西安:陕西师范大学,2020.

④ 王典,吴玲,李克建.幼儿园结构性质量要素组态对课程质量的作用路径与机制——基于模糊集定性比较分析法的研究[J].学前教育研究,2022(9):1 - 14.

⑤ 刘雨杭,姚伟,柳海民.幼儿园高质量课程建设:价值意蕴、现实困境及纾解之策[J].湖北社会科学,2023(1):154 - 161.

⑥ 赛娜.幼儿园课程建设与实施现状研究——以西安市 10 所幼儿园为例[D].西安:陕西师范大学,2020.

⑦ 王典,吴玲,李克建.幼儿园结构性质量要素组态对课程质量的作用路径与机制——基于模糊集定性比较分析法的研究[J].学前教育研究,2022(9):1 - 14.

(二)优化幼儿园的课程文化建设保障机制

1. 幼儿园课程建设应注重社会文化在一日活动中的融合渗透

幼儿园课程与社会文化有着密不可分的联系,社会文化在一定程度上影响着幼儿园课程中“教什么、如何教以及为什么教”的问题,幼儿园课程建设的过程充分反映社会文化的价值取向。①

幼儿自出生便进入社会化发展过程,良好的幼儿园课程环境使幼儿有充分展现自我的机会,便于建立良好的家园关系。因此,在幼儿园课程建设时需要紧扣幼儿所处的环境,关注幼儿在园一日生活中不同环节的教育价值,同时给予幼儿充分融入社会的机会,让幼儿体验社会文化以加快社会化的发展。②

2. 幼儿园课程建设应尊重理解多元文化并对其进行筛选把握

在进行课程建设时需要对不同文化资源进行梳理与分析,并在新课程理念的指引下提高课程建设意识,提升幼儿园课程开发能力。而幼儿通过实际操作、亲身体验、不断尝试、交流与创造,不断与浸润着本土文化的环境互动,在特色课程中学习进而获得多方面的发展。③ 此外,在推动文化与课程整合时对多元文化有充分的吸纳与认知,需要幼儿园与家庭、社区进行密切合作,在充分尊重与理解文化的基础上有效筛选把握,提高幼儿园课程建设的适切性。④

(三)重视幼儿园的课程共治机制建设

1. 注重发挥多元主体对幼儿园课程治理的共同参与

教育治理的本质是多元主体参与的民主管理过程,是政府和市场调控失灵的背景下应运而生的新型管理模式。⑤ 多元共治能够为幼儿园课程治理搭建公共理性的对话平台,让幼儿园课程充分兼顾复杂的教育情境和幼儿需求,提升幼儿园课程治理的科学性和有效性,⑥还应有效避免行政管理层面的“一元决定论”思维。⑦

---

① 朱家雄.幼儿园课程[M].上海:华东师范大学出版社,2003.

② 李雪艳,马琳琳.生态式幼儿园课程的内涵与构筑[J].学前教育研究,2017(8):67-69.

③ 车伟艳.乡土文化视域中园本课程的特征与保障机制研究[J].当代教育与文化,2019(2):49-53.

④ 林虹.地方文化与幼儿园课程的整合[J].学前教育研究,2019(10):93-96.

⑤ 刘雨杭,姚伟,柳海民.幼儿园高质量课程建设:价值意蕴、现实困境及纾解之策[J].湖北社会科学,2023(1):154-161.

⑥ 刘雨杭,姚伟,柳海民.幼儿园高质量课程建设:价值意蕴、现实困境及纾解之策[J].湖北社会科学,2023(1):154-161.

⑦ 王典,吴玲,李克建.幼儿园结构性质量要素组态对课程质量的作用路径与机制——基于模糊集定性比较分析法的研究[J].学前教育研究,2022(9):1-14.

第一，要建立多层级的幼儿园课程治理分权机制。第二，搭建多元主体参与幼儿园课程治理的平台，创新多元主体参与的组织基础。① 第三，积极推动幼儿园课程评价走向真实多元，结合幼儿生活环境考察幼儿发展的动态过程，充分衡量幼儿园课程在促进幼儿长远发展中的作用。②

2. 尊重多元主体并及时建立幼儿园课程信息共享机制

首先，幼儿园课程与不同主体都有密切联系，其中最主要的是考虑幼儿身心发展特点与兴趣需要，促进幼儿发展。③ 其次，幼儿园教师鼓励并支持幼儿通过丰富的活动主动学习、自主探索获得有益经验，以满足自身发展的需要。在此过程中教师为幼儿提供符合其特点和需求的教育教学环境和教育内容，让幼儿更好地实现自身成长。最后，搭建课程信息共享平台，尊重家园社多元主体，整合课程资源形成优势互补，以促进幼儿经验生长与发展。④

3. 构建幼儿园课程治理激励机制

幼儿园课程多元主体从不同层面对幼儿园课程发展实施影响，激发不同主体参与课程共治的积极性。一方面，建立健全幼儿园课程治理激励机制的标准，明确多元主体的激励作用和形式；⑤另一方面，幼儿园需结合多元主体的课程治理需求和经验，以关系为核心，切实地对各主体进行真实的激励机制评价，从而推动幼儿真实发展、真实需要、真实成长。⑥ 另外，幼儿园课程治理激励机制评价标准应走向真实、系统、多元，善于利用各种关联资源。⑦

二、加强幼儿园师资队伍建设以提升课程实施的胜任力

良好的师资队伍能够有效提升幼儿园课程质量。重视教师专业培训，建设专业化、协同化的幼儿园师资队伍，是提升幼儿园教师课程设计能力、实施能力以及教师间协同合作能力的重要举措，有利于强化教师教学实践能力，提高教师专业素养，提升教师专业水平。

---

① 刘雨杭，姚伟，柳海民.幼儿园高质量课程建设：价值意蕴、现实困境及纾解之策[J].湖北社会科学，2023(1)：154－161.

② 李雪艳，马琳琳.生态式幼儿园课程的内涵与构筑[J].学前教育研究，2017(8)：67－69.

③ 黎平辉，邓秀平.幼儿园课程可持续发展的理论阐释与实践路径[J].河北师范大学学报（教育科学版），2023(2)：125－134.

④ 车伟艳.乡土文化视域中园本课程的特征与保障机制研究[J].当代教育与文化，2019(2)：49－53.

⑤ 黎平辉，邓秀平.幼儿园课程可持续发展的理论阐释与实践路径[J].河北师范大学学报（教育科学版），2023(2)：125－134.

⑥ 叶明芳，林媛媛.幼儿园课程生成的实践困境及其化解[J].学前教育研究，2023(5)：91－94.

⑦ 李雪艳，马琳琳.生态式幼儿园课程的内涵与构筑[J].学前教育研究，2017(8)：67－69.

（一）重视教师课程专业培训以提升专业背景

研究表明，班级层面的教师专业背景能够显著预测班级课程质量，对班级课程质量提升具有非常显著的正向影响。具有学前教育专业学习背景的教师接受过专业化、系统化的教育，相比于接受零碎专业培训的教师来说，其专业知识结构更加系统全面，更容易形成正确的儿童观和教育观，掌握基本的保教知识。此外，专业背景影响教师的教育教学信念，继而影响其课程实施与教学决策等教育行为，从而显著预测幼儿园教育过程性质量。因此，幼儿园班级配备教师时需充分考虑教师专业背景的因素。①

（二）加强教师教研培训管理以提升科研素养

教师培训与教研活动是推动教师专业能力发展的重要途径，加强教师教研培训管理能够提升教研培训的质量，促进教师专业能力与科研素养的提升。② 加强教师教研培训管理主要从以下方面进行：其一，培训内容与形式要落实国家制度所要求教师接受的培训经费与时长，满足不同层次教师的专业成长需求。其二，注重提升教师对幼儿学习与发展规律把握的能力和水平，深入幼儿学习与发展的具体领域以提升教师专业素养。其三，教研培训要与课程建设紧紧相扣，形成良好的课程文化与激励制度，调动教师的积极性。③ 其四，多方支持，形成教育管理部门、幼儿园和教师学习共同体。④

（三）建设专业学习社群以发挥团队协作效益

专业学习社群是一种集体性的合作学习、探讨与研究群体，注重学校教师与教研员之间的知识分享与技能切磋，教师可以通过观摩活动与互动来提供建设性的意见，以促进学习者在教学与科研中持续性地改进与发展。专业学习社群可以激发学习者的创造性思维与能力。学习者本身存在着很多差异，每个人不同的知识结构、思维方式、学习与教学风格、情感体验可以在宽容、平等、和谐的学习社群中合作互动、碰撞融合，形成更有效的思维能力与策略，发挥团队协作的效益。

---

① 原晋霞，王希.不同解释变量对幼儿园班级课程质量的影响及其差异贡献率——基于多元线性回归和夏普里值分解方法的探索[J].学前教育研究，2023(4)：25－37.

② 吴琼，王国霞，李畅.教师培训与教研活动质量对幼儿发展的影响：幼儿园课程实施质量的中介作用[J].学前教育研究，2023(4)：47－56.

③ 王雨.幼儿园课程质量保障体系的个案研究[D].南京：南京师范大学，2016.

④ 原晋霞，王希.不同解释变量对幼儿园班级课程质量的影响及其差异贡献率——基于多元线性回归和夏普里值分解方法的探索[J].学前教育研究，2023(4)：25－37.

三、构建可持续发展的园本课程体系以规范课程内容和组织方式

构建可持续发展的园本课程，是加强幼儿园高质量课程建设的有效实施路径之一。应重视本土文化与本土资源，利用贴近幼儿生活经验的各种自然、文化、社会和生活资源，开发具有鲜明特色的幼儿园课程体系，并以此规范幼儿园课程内容和组织方式，提高幼儿园课程质量。

（一）重视课程理论建设，把握课程开展方向

幼儿园要基于实际情况注重课程理论建设。幼儿园课程是实现学前教育目的的手段，也是决定学前教育质量的核心模块，对促进学前教育高质量发展、幼儿可持续发展具有重要价值。因此要立足本土实践，汲取乡土文化，结合幼儿园办学理念，把握课程开展方向，形成独特的幼儿园课程，[①]构建高质量的幼儿园课程模式。

（二）开发利用课程资源，保障课程深入推进

课程资源除了外部物质条件，还主要指构成课程内容的各类知识或经验等。[②] 幼儿园课程资源的开发利用是探寻一切可能进入课程并能与教育活动联系的资源，并对资源进行深加工。

一方面，课程资源的开发与利用需要满足资源的可再生性和优质性两个要求。可再生性课程资源主要是指由各类知识或经验构成的课程资源；优质性课程资源是指资源要能满足不同幼儿的发展需求，与幼儿的生活特征高度吻合。另一方面，课程资源的开发与利用需要基于自身园情并充分利用本土资源。[③] 因此，开发与利用课程资源需要在本土资源和幼儿一日生活中取之有道，例如选取与幼儿生活经验贴近、游戏化的主题，开展各种有益于幼儿身心健康发展的综合主题课程活动。[④]

（三）提倡生成性课程建设，发挥幼儿主体性

1. 幼儿园课程要确保幼儿游戏的权利

一方面，强调教师的作用。教师在教育项目中给予所有儿童自主权，包容来自不同

---

① 车伟艳.乡土文化视域中园本课程的特征与保障机制研究[J].当代教育与文化，2019(2)：49－53.

② 黎平辉，邓秀平.幼儿园课程可持续发展的理论阐释与实践路径[J].河北师范大学学报(教育科学版)，2023(2)：125－134.

③ 李志英.本土资源在幼儿园课程中的开发与应用[J].学前教育研究，2023(6)：87－90.

④ 李雪艳，马琳琳.生态式幼儿园课程的内涵与构筑[J].学前教育研究，2017(8)：67－69.

背景的儿童及其家庭，满足儿童发展的需要。在这种课程中，教师扮演着积极的角色来平衡儿童自发的游戏、教师指导的游戏、教师主导的游戏以及教师计划的活动。[①]

另一方面，注重幼儿的主体性。尊重儿童的游戏就是将儿童看作“全面发展的个体”，其发展的过程是综合的。游戏应能够支持儿童获得广泛的个性化的发展。[②] 因此，教师要充分保证幼儿游戏的机会，创设一个有准备的环境。

2. 幼儿园课程要呼应每个幼儿的兴趣与需要

幼儿园生成式课程是教师基于对幼儿的发展需求以及兴趣爱好的判断而引导幼儿共同建构起来的。一是教师要能熟练地运用《指南》《纲要》等纲领性文件去审议课程；二是教师要及时进行园本课程的理念与价值剖析，尊重幼儿的身心发展规律；三是教师要看得见幼儿的真实发展、真实需要、真实成长。[③]

（四）重视多主体参与，推动课程民主化建设

其一，在国家层面，教育部颁布有关改革课程标准、规范课程建设的政策与法律法规为课程提供支持和服务，提高民主化水平。其二，在地方层面，地方教育部门应“把握国家文件精神”，监管督促课程的建设与实施，同时，组织开展有关课程建设的知识讲座和研讨活动，帮助一线教师解决实践难题。其三，在幼儿园管理者层面，幼儿园应健全科学的幼儿园的管理机制，由内至外地给予课程建设充分的支持。其四，在家长层面，家长要做到理解和认同幼儿园课程，不过多干预，同时加强学习，形成科学的儿童观、教育观以及幼儿园课程质量观。其五，在教师层面，幼儿园教师不仅是课程的实施者，更是课程的设计者，幼儿园教师要在和谐的文化氛围中发挥参与课程建设的主观能动性。其六，在幼儿层面，幼儿始终是幼儿园课程建设的主体，幼儿要输出核心经验与独特想法，共同参与到课程建设中去，保障在课程建设中的话语权。

---

① ［美］朱迪斯·范霍恩，帕特里夏·莫尼根·努罗塔，芭芭拉·斯凯尔斯，等.以游戏为中心的幼儿园课程：第六版［M］.史明洁，等译.北京：中国轻工业出版社，2017.

② 石丽娜.幼儿园教育质量提升策略研究——评《提高幼儿园教育质量的有效策略》［J］.学前教育研究，2020(8)：97.

③ 叶明芳，林媛媛.幼儿园课程生成的实践困境及其化解［J］.学前教育研究，2023(5)：91－94.

第二节　推动幼儿园学习环境高质量发展

环境是幼儿园的有机组成部分，也是幼儿园课程的重要资源。① 幼儿园的物理环境与心理环境共同影响师幼、幼幼的互动质量和环境空间布局、材料投放的质量，因此环境创设质量成为幼儿园教育质量提升以及幼儿健康发展的关键因素。

幼儿园学习环境质量是指幼儿园所有物质要素和人际要素的交互作用能否满足幼儿身心健康发展的需要。② 高质量的幼儿园教育环境既要重视学习的途径和方式，即如何学；也要重视学习的目的和内容，即去解决学什么、为什么学的问题。我们在关注幼儿是如何获得经验的同时，还要关注幼儿获得了什么样的经验，并且帮助幼儿在这一过程中分享、拓展和提升经验。

一、区域规划与材料投放科学化以构建幼儿视角的物质环境

每个幼儿园在发展目标和办园风格上都具有其独特性，因此园所的环境创设应科学规划，从实际出发。幼儿园是幼儿一日生活的主要场所，这要求园所在规划物质环境时要从幼儿的视角出发，根据幼儿的年龄发展特点和兴趣，合理科学规划幼儿园的物质环境。

（一）区域环境创设应重视整体规划的个性化和功能的多样化

不同幼儿园的发展目标、发展方向不同，因此其对区域活动所寄予的教育目标也存在差异。③ 区域环境的创设应注意个性化与多样化。第一，区域环境创设应注重个性化。首先，园所内部不同班级的室内区域环境在整体上均有各自侧重的主题特色与风格；其次，不同的幼儿园在规划和设计区域环境时要基于自己的园本课程资源及现实条件，呈现出所在社区及自然环境的地方特色与风格差异。④ 第二，区域环境创设应注重多样化。首先，必须想尽一切办法调动或满足幼儿，让幼儿亲自参与进来，给予他们自由发挥的权

---

① 黄豪，杨晓萍.走向符号实践：论幼儿园教育环境的意义创设逻辑[J].浙江师范大学学报（社会科学版），2017(6)：31－37.

② 侯莉敏，罗兰兰，吴慧源.幼儿园学习环境质量与幼儿发展结果的相关分析及其阈值效应[J].学前教育研究，2021(1)：29－42.

③ 王海英.儿童视野的幼儿园环境创设[M].北京：人民教育出版社，2019.

④ 丁海东.幼儿园区域环境的游戏性缺失与回归[J].学前教育研究，2019(12)：77－80.

利;其次,注重三维空间的充分利用,从墙面到地面,甚至顶面,尽可能在有限的立体空间里创设多样性环境,促进他们在愉悦的游戏心态中自然而然地获得相关知识。①

(二)材料投放应突出材料操作功能的多样性、开放性和层次性

操作材料是幼儿建构对外部世界认知的桥梁,幼儿需要通过操作材料来获得感知和实际操作的经验,因此在材料投放时要注意材料的多样性、开放性和层次性。在多样性方面,由于3—6岁的幼儿对操作材料具有很强烈的好奇心和探究欲望,因此投放的操作材料应数量充足、种类丰富多样,而且随着幼儿需要的转变、材料操作能力的发展等进行及时更替。材料"应具有开放性,有多种组合的可能性,能激发幼儿接近材料,能自由地用自己的方式操作、改变、组合"②。操作开放性材料能促进幼儿发展自主探究与创造能力。在层次性方面,《纲要》指出:"关注个别差异,促进每个幼儿富有个性的发展。"每个幼儿的材料操作能力不同,因此教师应按照由浅入深、由易到难的要求,有层次地投放材料,以满足不同年龄段幼儿的需要,使每个幼儿都能够选择与其内在发展水平相契合的操作材料。③

(三)空间营造应保证幼儿参与的基本权利以促进其主动学习

在空间营造上遵循儿童本位,邀请幼儿共同参与营造幼儿园空间,更利于维持幼儿的持续关注与兴奋投入。④ 幼儿园的空间营造需关注以下几点:其一,给予幼儿参与空间营造的机会。幼儿园需要保证幼儿具有表达想法和参与幼儿园空间营造决策的权利,使幼儿感知到自己的意见是会被采纳和重视的,并激发幼儿探索周围环境的内在动力,提高其在具体问题情境中发现和解决问题的积极性。⑤ 其二,尊重幼儿参与空间营造的意愿。幼儿的学习与发展是在实际操作中进行的,亲自参与幼儿园的空间营造对幼儿的全面发展具有重要意义。因此,幼儿园需要尊重和理解幼儿年龄与认知的特殊性,以幼儿的需求为重,在空间的共同营造中搭建鹰架,指引幼儿大胆探索、操作并与他人合作。⑥

---

① 郑非非.基于多元智能理论的幼儿园区域环境创设与活动指导研究[D].济南:山东师范大学,2016.

② 王春燕.区域材料的投放应有利于引发与支持幼儿获得有益的经验[J].教育导刊·幼儿教育,2004(5):30-31.

③ 刘焱,涂玥,史瑾.我国农村学前一年班级教育环境质量研究[J].教育发展研究,2015(12):16-22.

④ 丁海东.幼儿园区域环境的游戏性缺失与回归[J].学前教育研究,2019(12):77-80.

⑤ 王小英,陈欢.基于儿童视角的幼儿园物质环境质量评价[J].学前教育研究,2016(1):19-29.

⑥ [美]桑德拉·邓肯,乔迪·马丁,萨莉·豪伊.儿童视角的幼儿园班级环境创设[M].马燕,马希武,译.北京:中国轻工业出版社,2020.

二、文化甄选与精神感悟本土化以创设滋养生命的人文环境

优秀文化对于幼儿感知周围世界具有潜移默化的积极影响。幼儿园的环境创设不仅要从区域规划和材料投放等物质环境创设着手，还要充分利用当地优秀文化为幼儿创设特色的人文环境，以幼儿喜欢的方式融入幼儿的一日生活，促进幼儿感知和了解周围的世界，使幼儿从内心深处产生文化的认同感与归属感。

（一）丰富游戏环境的可感知要素改善心理氛围以调动幼儿多感官参与游戏

作为早期教育工作者和教育环境设计者，我们首先必须认真思考如何能够激发儿童的最大潜能，然后才能决定何种类型的环境可以最有效地支持儿童的发展。① 教师要根据不同层次的目标体系，构思、设计、制作并落实每一目标的各级操作材料，创设每个区域的材料内容体系，使每个拥有不同的优势智力领域、具有不同的活动风格和发展水平的幼儿在多层次、多种类的材料中找到满足其发展需要的活动材料。②

儿童喜欢“有用”的环境，无论是在一日生活还是在游戏中，他们都希望物质环境在其中发挥一定的功能或价值，比如在室内环境中，应提高墙面环境的互动性，让其在幼儿的学习与游戏中切实地发挥作用。③ 室外环境也需要和室内一样丰富、深刻，幼儿要能在室外和室内无障碍地切换。④ 选择材料时应充分考虑游戏材料的操作性，满足幼儿多样化的游戏意愿和操作需求。⑤

（二）选取优秀文化元素融入环境以促进幼儿对生命、自然和社会的理解

环境是重要的教育资源。一个充满“儿童性”的环境，能贴合幼儿的身心发展特点，满足幼儿的情感诉求，促进其社会交往与个性品质的发展。⑥ 幼儿园环境是幼儿学习与探索的重要内容，同时具有审美教育功能。⑦ 优秀文化蕴含着丰富的表现形式与精神内涵，将优秀文化元素融入环境可以为幼儿营造良好的人文环境。

---

① [美]桑德拉·邓肯，乔迪·马丁，萨莉·豪伊.儿童视角的幼儿园班级环境创设[M].马燕，马希武，译.北京：中国轻工业出版社，2020.

② 王海英.儿童视野的幼儿园环境创设[M].北京：人民教育出版社，2019.

③ 王小英，陈欢.基于儿童视角的幼儿园物质环境质量评价[J].学前教育研究，2016(1)：19－29.

④ [美]埃里克·M.纳尔逊.以儿童为中心的学习环境的设计与实施：室外课堂[M].丁道勇，等译.北京：教育科学出版社，2017.

⑤ 丁海东.幼儿园区域环境的游戏性缺失与回归[J].学前教育研究，2019(12)：77－80.

⑥ 王海英.儿童视野的幼儿园环境创设[M].北京：人民教育出版社，2019.

⑦ 丁海东.幼儿园区域环境的游戏性缺失与回归[J].学前教育研究，2019(12)：77－80.

将优秀文化元素融入环境，一是要以幼儿能够接受和理解的方式来创设环境，将复杂多元的优秀文化以简易化、直观化的方式呈现在幼儿面前，在幼儿园环境创设中引入直观的优秀文化元素，提升幼儿对优秀文化的理解与感知能力；[①]二是要将古今中外各种优秀的文化融入幼儿园的环境，巧妙地利用班级活动室（主题墙和活动区）、园内的海报、橱窗、展台、壁挂、手册和广播等媒介精心建构具有特色文化的园所环境，让幼儿在尽情参与、探索和表现中加深对优秀文化的认识与理解、认同与喜爱，让幼儿能够通过对人文环境的感知来更深刻地认识生命、自然和社会存在的本质。

三、师幼互动积极有效以构建平等融洽的人际环境

高质量的师幼互动能有效地支持幼儿有意义学习。平等融洽的人际环境创设需要教师重视幼儿安全心理状态的建设，关注层次化环境氛围的营造以及提供适应性学习支架，从而帮助幼儿更积极主动地与周围环境互动，在操作、探索和体验中健康发展。

（一）建立积极的人际关系和生活化的环境以提供具有安全感的情感氛围

一方面，扩大幼儿的交往范围。人际关系对幼儿的成长具有重要影响，[②]幼儿之间的人际交往能够丰富其情感体验，幼儿之间的了解会比成人更加深刻，增强其在社会性发展过程中的安全感。[③] 因此，教师可以扩大幼儿的交往范围，培养他们的合作与分享能力，鼓励其与同伴友好合作，帮助其建立积极的人际关系。

另一方面，呈现一个真实而自然的环境。内容应取材于幼儿的真实生活，让环境生活化。过分抽象化、物体属性异化和认知错觉化的环境都是“物源”意义缺失的表现，最终带来的结果是幼儿主体与环境客体间很难实现有效对话与互动。[④] 因此，教师要让幼儿在熟悉、真实的生活化环境中体验力所能及的生活经验，并从生活化的环境中发掘潜在的教育机会锻炼幼儿的生活自理能力，增强其安全感。

（二）注重环境的保教一体化功能实现以创设融洽的环境氛围

一方面，保教一体化功能承载着幼儿成长与发展的重要使命。幼儿园教育建立在保

---

① 李春玲.以儿童为中心的幼儿园一体化学习环境[J].学前教育研究，2022(8)：87－90.

② 侯莉敏，罗兰兰，吴慧源.幼儿园学习环境质量与幼儿发展结果的相关分析及其阈值效应[J].学前教育研究，2021(1)：29－42.

③ 高海英，陈玲.让幼儿在体验的环境与流程中健康发展[J].中国教育学刊，2020(S2)：21－23.

④ 黄豪，杨晓萍.走向符号实践：论幼儿园教育环境的意义创设逻辑[J].浙江师范大学学报(社会科学版)，2017(6)：31－37.

育基础之上，二者相互渗透、相互融合，并对幼儿的学习起着同等重要的作用，幼儿的发展需要二者的共同支持。[①] 注重环境保教一体化的实现有助于幼儿在兼具教育功能与保育功能的环境中实现全面发展。

另一方面，幼儿园可以通过保育与教育的协调，促进环境教育性与适宜性的实现。[②] 幼儿在生活环境与学习环境中发展，环境保教一体化的功能正是在幼儿的学习与生活环境的有机融合中实现的。这要求保教人员在创设安全、卫生、温暖、舒适的生活环境的同时，也需要注重创设丰富、民主、融洽的学习环境，支持与引导幼儿进行高质量学习。

（三）游戏活动中注重引发有效的师幼互动以促进幼儿的有意义学习

首先，教师要明确自身的角色定位。作为幼儿生命中的重要他人，教师对幼儿归属感、效能感的获得影响较大。在儿童为本的教育理念下，教师的角色不是强势的创意者、规划者、评判者，而是积极的陪伴者、守护者、支持者、留白者，即坚守“儿童是脚，教育是鞋”的教育主张，从教育者角色转化为催化者角色，以激发、唤醒和点燃的方式支持幼儿的探索性行为，避免管理、规训、控制和过度帮助等行为。[③]

其次，教师要开展充分的预研究，准备好随时回应幼儿的问题。但这种随时回应并不意味着幼儿有好奇心或问题教师便立即回应，恰恰相反，面对幼儿的好奇心，教师需要将自己对问题的高度熟悉转换为高度陌生，持着与幼儿同等水平的好奇心和探索欲，而不是简简单单地给幼儿一个答案或支架。智慧的教师是通过“教”而实现“不教”，以授“渔”来代替授“鱼”。

最后，教师要把握好互动的节奏。教师要小步退后，幼儿要小步前进，师幼之间形成一种共振和谐的进退节奏。和谐的师幼关系有赖于教师对幼儿的信任与包容，教师愿意给予幼儿更多的自由活动空间与自主探索时间。幼儿对教师信任与依赖，幼儿喜欢并投入幼儿园的一日生活，积极探索周围的环境，自主地获得各种经验。在这样的状态下，教师的留白才能被幼儿接住，幼儿的创意也才能被教师发现。从操作层面来看，教师要成为游戏活动过程中有效的支持者与记录者，为幼儿提供有准备的环境，减少幼儿的问题化行为，并在环境参与中设置合理的挑战系数。

---

① 宋蓉.基于保教一体化的幼儿园教育质量评价[J].学前教育研究，2019(4)：85－88.

② 邓诚恩.幼儿园保教一体化的理论探析与现实考察——基于重庆市×园的研究[D].重庆：西南大学，2016.

③ 王海英.儿童视野的幼儿园环境创设[M].北京：人民教育出版社，2019.

四、关注心理氛围与物理环境促进幼儿多领域的均衡发展

良好的心理氛围与物理环境创设是幼儿可持续学习与发展的前提条件。教师需要尊重幼儿的精神需求与生理需要，关注室内外空间环境的完整性，并提供开放、多元、健康且富于变化的探究环境。

（一）教师需要尊重幼儿精神需求与生理需要以实现真正的意义创设

幼儿园的学习环境主要通过创设物质环境与营造心理氛围来满足幼儿身心发展的需要，以充分实现支持幼儿学习与发展的目标。① 推动幼儿园环境创设从应有之义走向实践逻辑需要充分尊重幼儿的精神需要与生理需要。

幼儿园作为教师与幼儿共同生活的场域，其中包含着物理场和心理场。教师与幼儿在与幼儿园环境不停地碰撞中得到不同程度的发展。幼儿有着独特的精神世界，这个精神世界充分反映自己的实际生活需要与想象空间，幼儿真实的精神需要应通过环境创设在应用实践中得到满足。同时，幼儿作为独立的个体有着差异性需要，因此教师在环境创设中可以通过建立“秘密基地”、营造丰富多变的环境以满足不同年龄发展阶段的幼儿的精神需要。② 而幼儿的生理需要层面主要从一日活动中来，教师要充分重视生理层面的安全性，使其能够充分接受与反映个性需要，例如注重环境创设中的整体构图比例、提供具有充分想象空间的情境等支持幼儿开展活动，进而有效实现幼儿园教育环境真正的意义创设。③

（二）教师需要关注室内外空间环境的完整性对幼儿发展的支持作用

幼儿园应构建以幼儿为中心的一体化环境，以使幼儿能从某一环境中获取充足养分，为幼儿个体发展提供支持。教师要尤为关注幼儿园室内外空间环境的完整性，主要表现为空间规划、区域融合和教师支持三方面。④ 第一，幼儿园应保证室内和室外的空间宽敞，班级内为幼儿提供适宜的桌椅，室内设置丰富的游戏区域，室外有各种大型运动设

① 侯莉敏，罗兰兰，吴慧源.幼儿园学习环境质量与幼儿发展结果的相关分析及其阈值效应[J].学前教育研究，2021(1):29-42.

② 黄豪，杨晓萍.走向符号实践:论幼儿园教育环境的意义创设逻辑[J].浙江师范大学学报(社会科学版)，2017(6):31-37.

③ 王海英.儿童视野的幼儿园环境创设[M].北京:人民教育出版社，2019.

④ 李春玲.以儿童为中心的幼儿园一体化学习环境[J].学前教育研究，2022(8):87-90.

施和器械，以使幼儿能够根据需要选择活动空间；[①]第二，教师应注重区域之间的融合，实现不同活动的交叉融合，以迅速满足幼儿不断变化的活动需要和能力发展水平；[②]第三，教师在幼儿园室内外空间环境中应尊重、珍视幼儿的空间，开展良好的师幼互动。既要关注室内活动的秩序性，也要注重发展室外活动尤其是把握教师的支持度，合理调整和进行“室外课堂”，整个过程中保证高质量的师幼互动，以此为幼儿的学习与发展提供有效的支持。[③]

（三）教师需要提供开放、多元、健康且富于变化的探究环境

首先，幼儿和教师都是教室的主角。[④] 环境创设的主题应该是多元和开放的，在进行探究性的环境创设时，教师应从幼儿的视角审视，重视幼儿独特的想法，教师与幼儿共同作为环境创设的参与主体。其次，环境创设应当充分开放，运用从简单到复杂的开放性材料以充分引发幼儿自主互动与探究。[⑤] 幼儿园以幼儿的发展为本，教师作为幼儿学习活动的支持者、合作者和引导者，应积极主动地促进幼儿在生活和游戏中主动学习、自主探索，使每个幼儿都能得到充分发展。最后，教师应该予以幼儿更多的时间，即让幼儿能够充分使用材料、回顾、重复和探究，使得探究活动变得具体而深入，幼儿通过有意识且灵活摆动材料不断推动兴趣转变，不断与教师共同创造充满刺激物与吸引物的探索环境。[⑥]

第三节　提升幼儿园师幼互动质量

师幼互动是指在幼儿园一日生活的各环节中，教师和幼儿之间发生的各种形式、性质、程度的心理交互作用或行为的相互影响，[⑦]主要围绕某一具体问题展开，发起的主体

---

① 刘晓凤.幼儿园早期学习环境质量评价研究——基于 MELE 对浙江省××县幼儿园教育质量的分析[D].上海：华东师范大学，2020.

② 王海英.儿童视野的幼儿园环境创设[M].北京：人民教育出版社，2019.

③ [美]埃里克·M.纳尔逊.以儿童为中心的学习环境的设计与实施：室外课堂[M].丁道勇，等译.北京：教育科学出版社，2017.

④ [美]苏珊·斯泰茜.幼儿园探究性环境创设：让孩子成为热情主动的学习者[M].康丹，陈恺丹，译.北京：中国轻工业出版社，2019.

⑤ 吴丽珍.深度学习视角下的幼儿园游戏环境支持[M].福州：福建教育出版社，2022.

⑥ [美]苏珊·斯泰茜.幼儿园探究性环境创设：让孩子成为热情主动的学习者[M].康丹，陈恺丹，译.北京：中国轻工业出版社，2019.

⑦ 刘秀丽，刘航，朱宇宁.师幼互动质量评价工具的述评及其对幼儿教育的启示[J].东北师大学报(哲学社会科学版)，2021(3)：156－164.

可能是教师也可能是幼儿，如教师对幼儿的知识传递、行为指导、情感支持以及幼儿向教师表达观点、情感等。师幼互动是师幼双方通过语言或非语言的方式交换信息或行为的过程，就其结果而言，双方都有可能通过反馈在行为或心理上发生一定的改变。[①] 因此，对于如何提升幼儿园师幼互动质量，应从以下几个方面开展。

一、加强观念转变以促进教师教育观、儿童观的内化

幼儿园教师的教育观与儿童观直接影响着师幼互动的质量，尊重儿童、理解儿童和支持儿童需建立在科学的儿童观之上。这要求教师在师幼互动的过程中积极地将“以儿童为中心”的理念转化为实践，同时提高与幼儿互动的专业能力。

（一）教师在反思中主动建构科学的儿童观

面对我国幼儿园教师在教学实践中对幼儿需求敏感性低，难以在充分尊重儿童、理解儿童的基础上有效支持儿童，组织管理中无法进行有效的教育启发，活动中难以确保有效的探索时间等问题，幼儿园教师应深化对科学儿童观的理解，树立真正的以儿童为中心的信念，[②]正确发挥教师主体引导的功能，尊重儿童。[③] 第一，幼儿园教师要结合生动的案例和有效的实践，采用体验式、参与式、“问题—实践”模式等更具渗透性的培训方式将儿童观内化为行动意识。第二，幼儿园教师要实现职前和职后培训有效衔接，结合终身教育理念，在长期工作中逐步内化儿童观。同时，高校专家应与幼儿园教师建立共同体进行长期合作与探究，建立常态化的指导机制。第三，幼儿园教师要发挥主观能动性，在不断反思的过程中建构科学的儿童观。[④]

（二）基于个体差异形成多层次师幼互动模式

师幼互动是幼儿园教师与幼儿之间相互作用、相互影响的行为及其动态过程，能够综合体现幼儿园教师的内在观念、专业能力与外显行为。[⑤] 良好的师幼互动需要建立在良好的师幼关系的基础上，师幼关系是每一个幼儿都会经历的人际交往模式或关系模

---

① 李丽，魏玉华，张长英.幼儿园教师关于教学活动中高质量师幼互动特征的内隐观分析[J].学前教育研究，2017(10)：38－48.

② 蒋路易，郭力平，吕雪.CLASS视角下师幼互动研究的元分析——基于中国14省市892名教师的师幼互动质量评估结果[J].学前教育研究，2019(4)：32－44.

③ 邓进红，李祥，刘莉.幼儿告状情境下师幼互动行为分析及其教育价值审视[J].学前教育研究，2021(6)：58－69.

④ 蒋路易，郭力平，吕雪.CLASS视角下师幼互动研究的元分析——基于中国14省市892名教师的师幼互动质量评估结果[J].学前教育研究，2019(4)：32－44.

⑤ 邓进红，李祥，刘莉.幼儿告状情境下师幼互动行为分析及其教育价值审视[J].学前教育研究，2021(6)：58－69.

式，但即便是在同一项活动中面对同一位教师，不同的幼儿所获得的知识、行为以及情感资源的差别也非常大。[①]

因此，在班级层面的师幼互动中，教师需要把握幼儿的个体差异性，采用形式多样、内容丰富的多层次师幼互动模式，建立师幼、师组、幼幼等多种互动模式，从多种视角开展师幼互动，如从班级视角与幼儿个体视角，激活和建立多层次的师幼互动模式，真正发挥师幼互动的教育作用，提升教育教学的整体质量，全面促进幼儿发展。

二、建构高质量师幼互动专题培训体系以提升教师能力

专题培训是幼儿园教师职后提升专业能力的重要途径，高质量的师幼互动不仅需要教师具备观察与识别幼儿行为的知识，还需要教师具备对幼儿行为进行指导与管理的相关知识。因此，有必要建立高质量师幼互动的专题培训体系，通过不断深化与完善培训的组织方式与内容以提升教师的专业能力。

（一）开展多样化形式以满足教师实践需求

1. 采用体验式、参与式、“问题—实践”模式等培训方式

师幼互动是教师行为层面的表现，根据培训迁移理论，教师要改善支持性行为需经过系统的理论学习、案例观摩，以及自我实践过程。[②] 因此，师幼互动能力的培训模式不能简单地停留在识记或口号上，应结合生动的案例和有效的实践，采用体验式、参与式、“问题—实践”模式等更具渗透性的培训方式帮助教师将儿童观内化为行动意识。同时，注重幼儿园教师的主观能动性，激励教师在不断反思的过程中建构科学的儿童观。[③] 每次培训后应安排主题明确的实践任务，引导教师有目标地分步改进互动实践，并将自己的实践经验带到培训课和园内集体研讨环节进行交流讨论。[④]

2. 运用讲解、案例、可视化材料等形式

基于成人学习的特点，运用讲解、观看视频、案例分析以及经验分享相结合的方式，有利于教师联系情景化的互动实践思考理念和知识的含义。因此对幼儿园和培训机构

---

① 刘秀丽，刘航，朱宇宁.师幼互动质量评价工具的述评及其对幼儿教育的启示[J].东北师大学报(哲学社会科学版)，2021(3)：156－164.

② 刘海丹.幼儿园语言领域集体教学活动中教师教学支持质量现状及提升研究[D].上海：华东师范大学，2021.

③ 蒋路易，郭力平，吕雪.CLASS 视角下师幼互动研究的元分析——基于中国 14 省市 892 名教师的师幼互动质量评估结果[J].学前教育研究，2019(4)：32－44.

④ 宋爱芬，盖笑松.师幼互动质量干预课程设计及其实施效果[J].学前教育研究，2019(5)：3－14.

开展提升师幼互动质量的培训课程提出以下建议。第一，提供包含高、低质量师幼互动特征的视频、教学案例以及其他课程资源，支持教师识别不同水平的互动策略。第二，通过组织互动实践经验的交流分享，将优质反思日志和互动视频推送到课程资源库等方式，激发教师改进互动实践的主体意识和积极性。第三，为教师的互动实践提供持续的个别指导。通过线上线下相结合的方式，由专业人员对教师的互动实践进行诊断性分析，引导教师识别互动实践中存在的问题并主动改进。①

3. 结合不同教师的发展需求和特征采取分级培训

研究表明，不同教龄教师的师幼互动能力存在较大差异，应开展分级专题培训，提高其师幼互动的技能。② 其一，对于新手教师，可根据教师个性化发展的需要，综合运用体现互动指标的典型案例，组织多种能够以强化教师互动理念与实践能力的培训会，并开展各层级的教学研讨，以此加深教师对高质量师幼互动特征的理解，提高其预测和指导幼儿行为的能力。③ 其二，对于熟手教师，可依据教师特点形成专业化、持续化的学习共同体，引导其及时调整与创新深度观察、分析和支持幼儿行为发展的互动策略。④ 教师在实践经验中探寻多层次的师幼互动模式，拓展自身对高质量师幼互动的内隐性认知，切实有效地提高教育教学的整体质量，支持幼儿的学习与发展。

4. 提供线上与线下相结合的互动实现个别化指导

高质量的师幼互动会促进学前儿童的情感与社会性、语言和认知发展并影响儿童未来的身心健康状况。因此，指导一线教师进行师幼互动，提升师幼互动质量并促进教师的专业发展水平，是我国学前教育质量建设的紧迫任务。国外以 CLASS(The Classroom Assessment Scoring System，课堂互动评估系统)的理论基础和互动标准为依据开展的互动质量干预模式，通过 MTP(My Teaching Partner，我的教学伙伴)网络指导、MMCI(Making the Most of Classroom Interactions，班级互动最大化)集体研讨、COACH(Colleague Observation and Coaching，同伴观察与辅导)实践，证明了线上线下相结合来实现个别化指导师幼互动质量是有效的。⑤ 在我国，研究者基于国外 CLASS 设计的师幼互动质量干预课程，通过网络互动视频指导、教师互助和参与实践等线上线下相结

---

① 宋爱芬，盖笑松.师幼互动质量干预课程设计及其实施效果[J].学前教育研究，2019(5)：3－14.

② 邓进红，李祥，刘莉.幼儿告状情境下师幼互动行为分析及其教育价值审视[J].学前教育研究，2021(6)：58－69.

③ 李丽，魏玉华，张长英.幼儿园教师关于教学活动中高质量师幼互动特征的内隐观分析[J].学前教育研究，2017(10)：38－48.

④ 刘秀丽，刘航，朱宇宁.师幼互动质量评价工具的述评及其对幼儿教育的启示[J].东北师大学报(哲学社会科学版)，2021(3)：156－164.

⑤ 冯婉桢，洪潇楠.美国三种师幼关系改进模式比较与借鉴[J].中国教育学刊，2019(4)：84－88.

合的方式，提高了教师的情感支持、教育支持能力和课堂组织水平，以及师幼互动的质量。[①]

(二) 丰富培训内容并增强其实践性以顺应教师实际需求

1. 帮助教师掌握有效互动的相关专业理念、知识及策略

研究表明，有效的师幼互动要求教师具备儿童中心理念并掌握相关互动知识，学前教育人才培养应指向"以儿童为中心"师幼互动的相关知识学习与能力实践训练，以改善幼儿园教师教育理论与教学实践相脱节的现状。因此幼儿园教师应切实掌握有效互动的专业理念、理论知识及实践策略。[②] 其一，加强教师情感认知培训。教学过程中积极充分的情感支持和交流有利于促进高质量的师幼互动的产生与发展，帮助教师树立正确的儿童观，进一步加深对高质量师幼互动的认知。[③] 其二，科学地构建师幼互动能力提升的培训系统，帮助教师获得专业知识与技能。[④] 对不同主体采取有针对性的培训，包括职前职后培训、分级专题培训等一体化培训系统，兼顾不同教师的需求以及注重联结有效的师幼互动技能策略。[⑤]

2. 提供互动指标以支持教师识别不同水平的互动策略

首先，开展师幼互动质量的专业发展课程，主要包括教师有效互动信念、互动知识及策略，通过综合运用典型案例、可视化材料以及集体研讨等形式调动教师进行参与性学习，[⑥]强化"以儿童为中心"的教育信念，有效地满足幼儿需求并促进幼儿全面发展。其次，支持教师掌握识别不同互动水平的策略。提供能体现不同师幼互动指标与质量特征的教学案例，帮助教师积累适用不同情境的师幼互动技巧与经验，从而提升自身的互动实践水平。最后，提供定期的反馈和指导。组织教师开展定期教研活动，分享互动策略的实践经验，注重观察能力与支持策略的分享与交流，促进彼此互相学习和成长。[⑦]

---

① 宋爱芬，盖笑松. 师幼互动质量干预课程设计及其实施效果[J]. 学前教育研究，2019(5)：3－14.

② 邓进红，李祥，刘莉. 幼儿告状情境下师幼互动行为分析及其教育价值审视[J]. 学前教育研究，2021(6)：58－69.

③ 李丽，魏玉华，张长英. 幼儿园教师关于教学活动中高质量师幼互动特征的内隐观分析[J]. 学前教育研究，2017(10)：38－48.

④ 王双，胡碧颖，范息涛，等. 双因子模型下的幼儿园师幼互动研究[J]. 教师教育研究，2019(6)：56－63.

⑤ 丁骞，郑雯，张青瑞，等. 教师特征对托班师幼互动质量的影响——基于 CLASS Toddler 的实证研究[J]. 陕西学前师范学院学报，2023(6)：78－85.

⑥ 宋爱芬，盖笑松. 师幼互动质量干预课程设计及其实施效果[J]. 学前教育研究，2019(5)：3－14.

⑦ 蒋路易，郭力平，吕雪. CLASS 视角下师幼互动研究的元分析——基于中国 14 省市 892 名教师的师幼互动质量评估结果[J]. 学前教育研究，2019(4)：32－44.

三、建构质量监测系统与考评激励机制以保障师幼互动质量提升

对师幼互动效果进行评价需借助一定方式与手段，质量监测系统与考评激励机制的建构有助于激发教师专业提升的内驱力。因此，需要不断更新师幼互动评价工具，并将影响师幼互动的关键因素纳入监测与考评制度以引起社会与教师的重视。

（一）持续优化师幼互动评价工具

1. 优化评价工具的价值取向、实践应用和功能效益

优化师幼互动评价工具不仅能够帮助幼儿园教师提升教学质量、促进专业发展，还能够让其更好地在与幼儿互动时采取适宜的策略，支持幼儿的学习与发展。① 一方面，师幼互动的质量将成为评价学前教育质量的新取向，科学评价体系的构建以及合理评价工具的研发也将被不断推进。另一方面，对师幼互动研究热点知识图谱的定量和定性分析，也在一定程度上指明了未来的研究方向。②

2. 提高师幼互动质量评价工具的情境性应用水平

国内外师幼互动质量评价工具主要分为两个方面：一方面，主要针对幼儿园环境、监测活动、教学质量的评价工具；另一方面，针对在情境变量不变的情况下评价师幼互动质量的工具。以上评价工具各有侧重，均能有效解决情境因素对师幼互动质量评估的影响问题。但师幼互动还广泛存在于除幼儿园环境外其他更多类型的情境之中，未来仍需提高师幼互动质量评价工具的情境性应用水平，以使其适用于更多的教育环境。③

（二）将观察能力纳入质量监测等机制考核

首先，观察能力是教师必备的技能。教师通过观察来了解记录幼儿的身心发展状况及已有经验并对幼儿发展的薄弱之处进行有的放矢的教育，便于制定合理的教学目标，以促进幼儿的发展。

其次，观察能力的提升是师幼互动的有效途径。儿童和成人之间的互动、交流，在促

① 刘秀丽，刘航，朱宇宁.师幼互动质量评价工具的述评及其对幼儿教育的启示[J].东北师大学报(哲学社会科学版)，2021(3)：156－164.

② 陈秋珠.师幼互动的研究热点与发展趋势——基于共词分析的知识图谱研究[J].西北师大学报(社会科学版)，2017(6)：140－144.

③ 侯莉敏，罗兰兰，吴慧源.幼儿园学习环境质量与幼儿发展结果的相关分析及其阈值效应[J].学前教育研究，2021(1)：29－42.

进个体学习与发展中扮演着极为重要的角色，其中教师与儿童的互动被认为是促进儿童能力发展的重要机制。师幼互动质量已被普遍认为是学前教育质量最重要的过程性评价指标之一。[①] 如何做到有效的互动是每个教师要思考的问题，而增强观察能力是增强师幼间有效互动的途径之一。

最后，观察能力作为过程性因素对教育质量起着决定性作用。各国研究者对学前教育质量进行持续关注和研究后，发现硬件设施、环境创设、资源、师资、师生比等结构性因素对教育质量的影响并不稳定，无法从根本上保证儿童得到更好的发展，且这些结构因素往往需要通过教师的专业知识、能力和敬业精神才能产生积极影响。因此，对学前教育质量真正起到决定作用的是过程性因素，它能清晰地反映学前教育的过程质量与教师的专业水平。[②] 这更能从侧面反映出提高教师观察能力的重要性，但如今教师往往很少重视观察所带来的积极效应，反而更注重一门课程的整体效果。

因此，要想提高教师的观察能力，必须从根源开始，将观察能力纳入质量监测等机制考核以促进教师深入观察和互动。

（三）将"基于师幼互动的教学实践"纳入考评

师幼互动质量存在一定的发展与提升空间。一方面，大量的研究证据表明，师幼互动对儿童的认知发展、学业水平与社会性发展有着直接的影响。[③] 教学活动是幼儿教育的重要组成部分，教育的实质性更应体现其中，师幼间的互动作为教学活动中新型的、有效的方法将对教学活动起着不可估量的作用。[④] 另一方面，我国学前教师职前人才培养缺乏对教师在观察儿童、"以儿童为中心"的教学实践方面的培养。

因此，在幼儿园教师资格证考试机制中将"基于师幼互动的教学实践"纳入考评可以有效引起教师重视，有利于教师自身综合素质和专业能力的集体优化，改善其教育理论与教学实践相脱节的现状。此外，考评还有利于教师重视职后培训，引导教师关注师幼互动，促使教师在自己的教育教学活动中不断反思和总结，从而实现教师专业化完善和发展。

---

① 侯莉敏，罗兰兰，吴慧源.幼儿园学习环境质量与幼儿发展结果的相关分析及其阈值效应[J].学前教育研究，2021(1)：29－42.

② 蒋路易，郭力平，吕雪.CLASS 视角下师幼互动研究的元分析——基于中国 14 省市 892 名教师的师幼互动质量评估结果[J].学前教育研究，2019(4)：32－44.

③ 王双，胡碧颖，范息涛，等.双因子模型下的幼儿园师幼互动研究[J].教师教育研究，2019(6)：56－63.

④ 陈秋珠.师幼互动的研究热点与发展趋势——基于共词分析的知识图谱研究[J].西北师大学报(社会科学版)，2017(6)：140－144.

第四节 促进教师专业发展作为教育教学质量源动力的对策

一、优化外部环境和政策引领以保障教师专业发展

教师的专业发展不仅在于教师自身的努力，还与外部环境和政策制定有关。因此，制定有效政策、营造良好的物质环境以及创设“尊师重教”的精神环境能够引领教师的专业成长，提升教育教学质量。

（一）营造物质和精神层面“尊师重教”的社会风尚

1. 多角度提升幼儿园教师社会地位以加强“尊师”

社会对幼儿园教师存在一些刻板印象，需要从多个层面保障并提高幼儿园教师的社会地位。首先，从制度层面出发：一是要严格规范幼儿园教师的准入制度，依照国家相关文件要求，保障幼儿园教师专业水准；二是建立独立的职称晋升体系，职称作为教师专业化水平认定和评判的标尺，直接影响到教师的名誉、地位和经济收入水平，[①]独立的职称体系可以保障幼儿园教师行业的专业自主权。其次，从非制度层面出发：一是政府与相关机构要为幼儿园教师营造良好的社会氛围，积极推动公众对幼儿园教师的认可；[②]二是搭建有利于幼儿园教师发展的专业平台，向社会展示幼儿园教师专业的不可替代性，激发幼儿园教师发展的内生动力。

2. 多途径保障幼儿园教师福利待遇以促进“重教”

保障幼儿园教师福利待遇有利于激发其工作热情与学习发展的动力，因此，需要采取多样化举措提升教师专业发展。其一，实行绩效工资制度，根据教师的工作量发放工资，多劳多得，充分调动教师的工作积极性。其二，提高教师的工资福利待遇，鼓励其进行学历进修，适当减免进修学费。[③] 其三，加强教师培训的投入力度。落实教师培训，改善培训方式。建立统一的培训机制，结合教师的专业发展制定个性化的培训内容，将培

---

① 李学容，夏泽胜.幼儿教师专业发展与制度建设[J].内蒙古师范大学学报(教育科学版)，2014(6)：109－111.

② 刘军豪.幼儿园教师专业发展的制度支持研究[D].武汉：华中师范大学，2018.

③ 胡伟航.幼儿园新教师专业成长中的重要他人研究[D].南京：南京师范大学，2019.

训过程分为不同的阶段，保障教师接受培训的权利。①

（二）制定有效政策以科学引领教师专业成长

1. 相关政策的制定应明确教师专业发展的时代内涵

教师专业发展并非一个不证自明的命题，从教师的专职化到教师的专业化，再到教师的专业发展，人们对教师专业发展概念本身也经历了层层深入、逐步聚焦的认识过程。政府颁布的有关幼儿园教师的政策以及各级教育部门对幼儿教师的管理体系为幼儿教师的专业发展提供了一个支持性的外部环境。② 幼儿园教师专业发展有其阶段特殊性和情境复杂性。③ 目前有关幼儿园教师专业发展的内涵主要针对的是幼儿园教师自身的专业发展，即强调在职业生涯中，其知识、技能、情感、专业能力、职业道德、实践智慧和教师素养等在不断改进和完善，是一个不断学习和训练的动态过程。因此，相关政策应与时俱进，与教师专业成长同轨，进一步明确新时代背景下的教师专业发展的内涵，从顶层设计上为幼儿园教师专业发展提供更多的空间。

2. 相关标准的要求应聚焦教师专业发展的视野拓宽

幼儿园教师要以更宽阔的视野去理解自己所从事的职业，坚定专业信念，增强专业发展动力，不断完善自身专业人格，从而形成有利于专业发展的良性循环。幼儿园教师对幼儿无意间自然流露的关爱、对自身职业的深刻体会、强烈的专业使命感以及良好个人修养的形成，都需要其从更高远而开阔的角度感知、体验和思考自身所存在场域的事件，形成更广泛意义上的对他人、对生命和宇宙的认识与实践，从而达到内外统一的美好境界。④ 教师的专业发展聚焦的不仅仅是教师本身，更重要的是用大视野、大格局去看待儿童、看待实践和看待职业。相关教育行政部门和幼儿园在制定相关的标准时，要关注到幼儿园教师专业发展的多样性，多维度地拓宽教师事业，助推教师专业发展。

二、持续优化基于教师权益的教师专业发展场域

教师专业发展是有“生态取向”的，不仅仅依赖于其自身的力量，也依赖于其身处的环境。良好的发展场域应是让教师产生归属感、集体感的；是有专业的培训机制与发展

① 徐迪.民办幼儿教师专业发展现状与对策研究——以山东省聊城市为例[D].开封：河南大学，2019.

② 余江.安吉游戏课程体系中幼儿教师专业发展的研究[D].福州：福建师范大学，2017.

③ 刘军豪.幼儿园教师专业发展的制度支持研究[D].武汉：华中师范大学，2018.

④ 雷茹.态度、信念、价值观：引领幼儿教师专业发展的内在因素[J].内蒙古师范大学学报（教育科学版），2014(8)：66-68.

路径的;是以多样教研活动助推教师专业成长的。教师的专业发展场域的是一个由内到外、由静到动的过程。

(一)基于拓宽视野建立具有共同愿景的实践共同体

1. 幼儿园应成为承载教师专业发展的文化栖息地

幼儿园的外在压力对于教师而言是有利有弊的,一方面可以从外在推动教师专业发展,另一方面可能会让教师倍感压力,只为完成领导交办的任务而缺乏内部动机。要实现幼儿园成为承载教师专业发展的文化栖息地,幼儿园需要为教师做研究提供"支架",给予教师研究自主权,帮助教师树立研究主体的意识,不断将个人愿景与共同愿景结合起来,进而对幼儿园产生归属感和爱,从而调动主体性,更好地促进教师专业成长。①②

2. 幼儿园应为教师专业发展筑牢教育实践共同体

幼儿园教师的专业能力和实践经验有关。③ 幼儿园作为教师的实践场域,应为其提供丰富的实践知识,可选派教师进入教育学院、教师进修学校进行专业研修,通过科研项目的研究、实践课程的创设或特色项目的开展,实现教师知识的多元共享、能力的多元提升和情怀的多元共育。④ 幼儿园教师的专业能力是促进其专业发展必备的能力之一。形成教育实践共同体是教师专业化发展的组织保障。幼儿园应建立教研室,定期进行教研,通过相互交流、分享经验、问题质疑等方式,解决教师在游戏课程实施过程中存在的困惑。⑤在观摩教研时,幼儿园要给予教师具体的观察目标,倘若教师遇到困难,幼儿园除了要为其指明方向,更要耐心引导,增加指导频次。⑥

(二)运行基于学习路径的教师专业发展培训模式

1. 基于学习路径的培训方法注重团队的合作与学习

教师个人与教师团队的专业成长是相辅相成的。"环境育人"的教育功能不只适用于幼儿,良好的"育人环境"同样能培育出更多优秀的教师。⑦ 团队中的教师彼此之间经

---

① 梅舒红.研究型幼儿教师专业成长的个案研究[D].南京:南京师范大学,2020.

② 胡伟航.幼儿园新教师专业成长中的重要他人研究[D].南京:南京师范大学,2020.

③ 张译匀.教研共同体中的幼儿园教师专业成长研究——以南京市Z园为例[D].南京:南京师范大学,2020.

④ 李慧方,罗生全.幼儿教师专业素养养成:TTK学习共同体视点[J].河北师范大学学报(教育科学版),2023(2):135-140.

⑤ 余江.安吉游戏课程体系中幼儿教师专业发展的研究[D].福州:福建师范大学,2017.

⑥ 高晓敏,张洁,刘岗.农村幼儿园教师专业能力发展现状及提升对策[J].学前教育研究,2020(6):63-71.

⑦ 干代珍.以"园丁管理制"引领幼儿教师专业成长的行动研究——基于吴江S幼儿园的实践探索[D].上海:华东师范大学,2015.

常在学习过程中进行沟通、交流，分享各种学习资源，共同完成一定的学习任务，在成员之间形成了相互影响、相互促进的人际联系。[①] 在我国，TTK 学习共同体的探索已初有成效。TTK 学习共同体主要是指教育学院(T)、教师进修学校(T)和幼儿园(K)三方，构建一个强大的知识交互平台，为幼儿园教师专业能力发展提供多维共建的网络资源支持，为幼儿园教师专业能力发展提供多维共建的人际资源支持，通过团队学习与合作的方式，促进幼儿园教师专业素养的养成。[②]

2. 基于学习路径的培训内容突出教学设计与形成性评价

随着社会的高速发展与新课程改革的不断推进，幼儿园教师面临着更高难度的要求与挑战，转变教育理念，创造性地设计、组织与反思自身的教学设计迫在眉睫。因此，幼儿园应为教师提供多种拓展教学设计理念的学习机会，帮助其在教学研讨与教育实践中打开课程设计的思路，深度把握幼儿发展经验与课程整合间的关联。[③] 另外，幼儿园应为教师搭建形成性评价的分享平台，提高教师形成性评价的水平，帮助教师及时发现与反思教学活动中存在的问题；[④]同时，指引教师关注教学设计的灵活性，实现预设性与生成性教学目标的和谐交融，建构具有生机与活力的课程，切实地支持幼儿的学习与发展。[⑤]

(三) 开展基于支架式教研的教师专业发展实践活动

1. 拓展教育教学中的课例支架以丰富教研实践活动内容

实践证明，教研活动需要更加灵活，有明确的方向和针对性，同时也需要拓展教育教学中的课例支架，使教研内容更加丰富和真实，以促进理论与实践相融合。因此，支架式教研活动的开展要基于教师的需求，切实提升教研实践活动的有效性。[⑥] 其一，优化教研共同体。针对不同阶段教师的成长需求提出促进其成长发展的策略，例如被动适应阶段、主动探索阶段和内化平稳阶段。[⑦] 其二，构建专业化课程实践体系。幼儿园课程专业化要求教师沿着科学的方向促进自身专业发展，并不断地反哺于专业化课程建设。[⑧]

---

① 梅舒红.研究型幼儿教师专业成长的个案研究[D].南京:南京师范大学,2020.

② 李慧方,罗生全.幼儿教师专业素养养成:TTK 学习共同体视点[J].河北师范大学学报(教育科学版),2023(2):135－140.

③ 朱忠明.教师专业发展视野:定位演变与拓宽路径[J].教育理论与实践,2023(14):29－32.

④ 干代珍.以“园丁管理制”引领幼儿教师专业成长的行动研究——基于吴江 S 幼儿园的实践探索[D].上海:华东师范大学,2015.

⑤ 梅舒红.研究型幼儿教师专业成长的个案研究[D].南京:南京师范大学,2020.

⑥ 李晗.新教师共同体——基于合作的新教师专业成长的个案研究[D].南京:南京师范大学,2018.

⑦ 张译匀.教研共同体中的幼儿园教师专业成长研究——以南京市 Z 园为例[D].南京:南京师范大学,2020.

⑧ 余江.安吉游戏课程体系中幼儿教师专业发展的研究[D].福州:福建师范大学,2017.

其三，创生“协同共育”的课例支架机制。通过教研活动的协同开展，加强理论与实践的深度融合，提高幼儿园教师的课例支架能力。①

2. 借用教学过程的多媒体支架以助推教研实践形式多元

幼儿园教研实践应充分利用多媒体这一支架，支持教师的专业能力发展。首先，积极提供多元网络资源支持。幼儿园教师通过持续的在线学习，获取丰富学前教育专业知识，不断提升专业知识素养，提高教育教学等专业能力。② 其次，搭建教师展示平台。例如建设多媒体教室为各级教研活动提供场所，利用园刊、教师博客、校园网站等窗口向外展示教师的成果。③ 最后，搭建教师交互学习平台。幼儿园建立园内园外社交群和校园网络平台，促进教师的相互交流和学习，以推动彼此共同进步。此外，还可以建立面向社会及面向教育界的网络交流平台，如开设论坛等。④

三、增强内部驱动力以促进教师专业可持续发展

教师自觉增强追求专业发展的内驱力决定着发展的主动性和持续性，要扎实做好前期准备并踏实迈进，在实践中主动吸收新“养分”；要采用科学合理的方法支持幼儿发展；要保持积极向上的心理环境。

（一）做好就业前准备并且筑牢终身学习理念

1. 做好就业前专业精神及专业技能准备

幼儿园教师作为培养人的职业，不仅注重外在知识和技能的拓展，也包括内在专业精神的筑牢，以此共同构成幼儿园教师专业精神的核心与专业发展的动力系统。⑤ 一方面，幼儿园教师在就业前需要对自己的专业角色有深入认识，并具备必要的专业技能以提供高质量的教育服务；同时，注重培养专业精神形成内在发展动力，提升对专业技能的重视程度。另一方面，幼儿园教师需要积极建立职业发展规划，不断夯实专业技能，深入

① 李慧方，罗生全.幼儿教师专业素养养成：TTK 学习共同体视点[J].河北师范大学学报（教育科学版），2023(2)：135－140.

② 李慧方，罗生全.幼儿教师专业素养养成：TTK 学习共同体视点[J].河北师范大学学报（教育科学版），2023(2)：135－140.

③ 干代珍.以“园丁管理制”引领幼儿教师专业成长的行动研究——基于吴江 S 幼儿园的实践探索[D].上海：华东师范大学，2015.

④ 李晗.新教师共同体——基于合作的新教师专业成长的个案研究[D].南京：南京师范大学，2018.

⑤ 雷茹.态度、信念、价值观：引领幼儿教师专业发展的内在因素[J].内蒙古师范大学学报（教育科学版），2014(8)：66－68.

钻研幼儿园教育阶段的幼儿发展特点与相关政策文件，及时掌握幼儿需求，以便正式进入工作场域后能够有针对性地设计和实施教育活动。

2. 始终把终身学习理念贯穿于教学生涯

教师是一种培养人的职业，这要求幼儿园教师基于现实需要，在教育教学过程中坚持以问题为导向，不断提升自身专业能力，而这就凸显了终身学习的必要性。① 由此可见，促进自身专业发展需要教师在日常教学中树立并积极践行终身学习理念，专业知识与技能得以巩固的同时，能更好地促进幼儿学习与发展。教师成长更加强调幼儿园教师必须对自身工作进行及时的反思，以更好地实现自主专业成长。②

（二）利用"观察—反思"范式以优化幼儿发展支持策略

1. 掌握"观察—反思"范式以激发主动性

幼儿园教师的专业发展要求正在从外部供给走向自主发展，逐步实现"研究型教师"的角色转变。③ 依托幼儿发展评价，掌握"观察—反思"范式以激发教师专业发展的主动性对向"研究型教师"转变具有重要意义。首先，教师需要通过观察、倾听、记录以及作品分析等方式来充分认识幼儿的学习过程与学习行为，并提出有针对性的教学策略来推进教学活动的深入开展。其次，教师对幼儿学习过程和学习结果的反思可以深化对幼儿学习与发展的认识；有利于强化自身的专业意识，提高自身解决问题的主动性并发展相应的能力。④

2. 丰富幼儿发展策略以巩固专业能力

教师专业能力是教育教学质量的核心，教师要不断丰富、提升支持幼儿发展的策略来巩固自身的专业能力。首先，教师要掌握足够的专业知识，充分了解幼儿心理发展的特点，为幼儿提供适宜的支持策略。其次，教师要不断丰富教学经验，通过理论与实践结合、积极参加园本教研等。⑤ 最后，教师要学会反思、科学评价和尝试创新，思考支持幼儿发展的新策略，不断巩固、提升专业能力。⑥

---

① 孙丽华，张龙宇.幼儿教师专业能力发展之路——基于幼儿教师国家级培训的实证调查[J].中国教育学刊，2019(2):18-21.

② 雷茹.态度、信念、价值观：引领幼儿教师专业发展的内在因素[J].内蒙古师范大学学报(教育科学版)，2014(8):66-68.

③ 梅舒红.研究型幼儿教师专业成长的个案研究[D].南京：南京师范大学，2020.

④ 温燕.以幼儿发展评价助推教师专业自主发展[J].学前教育研究，2021(10):87-90.

⑤ 徐迪.民办幼儿教师专业发展现状与对策研究——以山东省聊城市为例[D].开封：河南大学，2019.

⑥ 胡伟航.幼儿园新教师专业成长中的重要他人研究[D].南京：南京师范大学，2019.

（三）注重心理调适以增强专业成长内在动机

1. 及时做好自身心理调适避免职业倦怠

幼儿园教师面临许多烦琐的工作、家庭的责任等，难免会出现职业倦怠，同时在初任期还会面临更多困扰和挑战。例如，不易掌握幼儿的学习情况和营造学习氛围，难以激发幼儿的学习兴趣，不知如何与家长沟通以及无法向家长详细描述幼儿的学习和身心状况等。①

因此，教师要及时做好自身的心理调适。首先，教师要认识到成为研究型幼儿教师绝不是一蹴而就的，它需要长期的学习与实践，应当做好心理准备和态度准备。其次，教师要保持健康的心理状态，从容不迫地应付日常生活和学习中的各种压力，态度积极、乐于承担责任，保持正常的人际关系，在集体中受到欢迎和信任，自控能力较好。最后，教育者的素质达到专业水平会间接减缓倦怠。建设高质量、专业化的学前师资队伍是时代发展的需要，亦是教育本身的诉求。因此，幼儿园教师必须提高专业素质，提升专业能力水平。②

2. 持续专业学习发展以增强自我效能感

教师的自我效能感具有内隐性，它隐含于教师的教育信念中，并直接作用于教师的教育实践。因此，对于促进幼儿园教师专业发展来说，提升自我效能感是一个重要突破口。首先，教师应有提高自身专业发展的意识。教师有较强的自我专业发展意识，就会积极关注自身专业发展情况并做出合理规划，还会随时关注自身专业发展情况。③ 其次，教师要抱持专业成长之心并积极投入实际行动。无论学校有无良好的培训机制，教师都要积极投入专业成长，提升自己的专业能力。最后，教师应增强自身的实践反思能力并以此来增强专业认同感和自我效能感，从而以更为积极主动的姿态去规划未来。

（感谢张兰兰、刘婕妤、李旭蕾等研究生在文献检索以及文献整理方面所做的基础性工作。）

① 陈翠，周淑惠，凌晓俊.幼儿园初任教师成功因素的质性研究[J].学前教育研究，2019(5)：15－26.

② 肖俊薇.不同专业发展阶段幼儿园教师专业能力现状的比较研究[D].天津：天津师范大学，2022.

③ 赖天利.幼儿园教师专业发展现状及其提升策略[J].学前教育研究，2019(1)：89－92.

第四章　世界各国幼儿园提升保教质量的经验与做法

幼儿园的保教质量是世界早期教育共同关注的话题。大量研究发现，早期教育与保育(Early Childhood Education and Care，ECEC)能否对儿童产生长期、积极的影响，关键在于幼儿园的保育教育质量。世界上许多国家通过制定质量目标和规范、提升环境创设与保育水平、改善课程与师幼互动质量、支持教师职业发展、促进家庭参与等方式提升幼儿园质量。本章介绍不同国家幼儿园在上述方面的做法和经验，并分析其对于我国的可借鉴之处。

第一节　明确质量目标与规范是各国的普遍做法

与我国《评估指南》首先强调指导思想与基本原则、指标中首先体现办园方向类似，世界各国都在强调自身对幼儿园质量的总体理解和预期。经济合作与发展组织(OECD)将此称为“质量目标”。质量规范是在质量目标的引领下设置的现实性、操作性的最低标准。

一、各国幼儿园保教质量目标的视角与框架

OECD认为，幼儿园保教质量目标代表了国家和不同群体对幼儿园发展的期待，即幼儿园发展的目标。一个国家的质量目标描绘了幼儿园整体发展的宏观图景，因此能够结合政策与实践，也为儿童和家长指明了应如何实现儿童全面发展。[①②] 联合国教科文组

---

① OECD.Starting Strong Ⅲ：A Quality Toolbox for Early Childhood Education and Care[M].Paris：OECD Publishing，2012.

② Eurydice. Early Childhood Education and Care in Europe：Tackling Social and Cultural Inequalities[M]. Brussels：Eurydice，2009.

织(UNESCO)提出,看待或制定质量目标至少有三种视角:第一种是结果视角,即以儿童发展水平说明幼儿园的教育质量;第二种是过程视角,即综合判断幼儿园的投入、组织管理、保育与教育过程等,综合考虑幼儿园的质量;第三种是群体视角,即认可政府、教师、家长等不同群体对幼儿园质量的预期不同,通过综合考虑不同群体的观念,确定幼儿园质量的内涵和发展方向。OECD与联合国教科文组织共同认可不同群体对幼儿园教育质量的不同需求应当被认可和接受。联合国教科文组织认为,应当通过让各群体充分对话实现过程视角与群体视角的结合,以此明确理想的幼儿园质量目标。①

一些国家采用了联合国教科文组织所建议的方式,明确了自身的质量目标。如新西兰建立教育审查办公室,与幼儿园和家长一起对质量目标和定义进行持续性审查。在此基础上,新西兰质量目标认为,幼儿园应为儿童构建一段寻求知识与启蒙、不断向上攀爬的旅程,质量框架关注国家课程、关注满足儿童需要的互动关系、关注为所有儿童提供平等学习机会的环境构建、关注幼儿园自主开展研究和创新活动等。② 欧盟同样采用了多重对话的方法制定幼儿园质量框架和目标。最终,欧盟共同的质量目标包含三项原则:儿童和童年的清晰形象、声音应当被尊重和重视;家长是最重要的伙伴,家庭的参与必不可少;定义质量应当是动态的、持续的、民主的过程,应当在共同的质量标准与尊重幼儿园多样性之间达成平衡。③ 澳大利亚在联邦政府与各州的共同努力下形成国家质量框架,质量目标在于:保证儿童的安全、健康与幸福感;提升儿童的教育与发展结果水平;持续提升幼儿园保教整体水平;建立联邦政府与各州共同担责的行政框架;提升公众对保教质量的认识;为幼儿园减轻由联邦政府和州政府带来的双重负担。在设计框架时,澳大利亚儿童教育与保育质量管理局(ACECQA)提出六项原则:儿童的权利与利益至高无上;儿童是成功的、有能力的学习者;质量框架应保证平等性、包容性与多样性;重视并尊重澳大利亚土著和岛民群体;父母和家庭应当受到尊重和支持;对保育与教育保持最高期待。最终,澳大利亚国家质量框架将幼儿园质量分为教育计划与实践、儿童健康与安全、物理环境、教职工安排、与儿童的关系、与家庭及社区间的合作、领导与管理共七个板块④。

---

① Myers R G. In Search of Quality in Programmes of Early Childhood Care and Education (ECCE)[R]. UNESCO,2004.

② Education Review Office. Indicators of Quality for Early Childhood Education: What Matters Most[R]. Wellington:Education Review Office,2021.

③ European Commission. Proposal for Key Principles of a Quality Framework for Early Childhood Education and Care: Report of the Working Group on Early Childhood Education and Care under the Auspices of the European Commission[R].Brussels: European Commission,2014.

④ Australian Children's Education and Care Quality Authority. Guide to the National Quality Framework[M]. Parlinghursi:ACECQA. 2024.

二、幼儿园质量规范的含义和内容

质量标准确定了所有幼儿园共同的发展方向，然而为保障所有幼儿的安全与健康，OECD 同时提出，需要设定幼儿园的“最低标准”或质量规范。质量目标与质量规范的定位不同、特性不同。质量目标是引领性、概括性的，质量规范则是现实性、操作性的。根据 OECD 的梳理，世界各国的质量规范往往包含师幼比、生均最小空间、教师学历标准、教师培训内容和频次、教职工薪资标准、项目密度（半日或全日）、课程、幼儿园环境创设、员工性别与多样性等内容。

世界上许多国家都设置了幼儿园质量规范，如 OECD 通过调研 19 个国家的质量规范，发现这些国家平均一名幼儿园教师最多照管 18 名儿童、质量规范中生均室内面积最少为 2.9 平方米等。质量规范大多涉及结构化指标，在此不赘述。

三、经验与启示

从国家角度，幼儿园的质量目标代表了一个国家发展早期教育的指导思想与基本原则，是这个国家如何认识早期教育事业及其意义和做法的集中体现，也代表了一个国家对儿童发展规律的主流观念。从幼儿园角度来看，质量目标是国家为幼儿园未来发展提供的总体指引。任何一个国家的幼儿园在思考其未来发展方向时，都必须以本国的质量目标为依据。

综合世界各国的质量目标可以发现，对儿童的尊重和重视是各国质量目标的首要内容。欧盟、新西兰和澳大利亚的质量目标均首先提及保障儿童权益、尊重儿童视角、促进儿童发展的重要性。同样，我国《评估指南》将“坚持儿童为本”作为基本原则之一，在“办园方向”中将“科学理念”作为关键指标，意在强调对儿童的尊重，将尊重儿童作为我国幼儿园未来发展的质量目标之一。

正如欧盟所阐述的，早期教育质量是一个复杂概念，它包含诸多相互依存的方面，这些方面是无法相互隔离的。而幼儿园质量的综合性同样体现在各国的质量目标中，尤其体现在如下四个方面。一是物理环境和人的综合。欧盟和澳大利亚的质量目标与质量框架中既对物理环境有要求，也强调师幼互动，即“人”的作用，这与我国的《评估指南》相一致。适宜、有益于学习探索的环境对于幼儿发展具有重要意义，而教育过程既影响了幼儿每日生活、学习的氛围，也事关物理环境中的资源如何有效应用。高质量的幼儿园需要同时具备适宜的硬件环境与高水平的教育过程，二者相互支持。

二是保育与教育的融合。“保教融合”是早期教育的基本要求，也是世界各国的普遍做法。高质量的幼儿园必然意味着高质量的保育与教育充分融合。三是幼儿园与家庭等多方的协作。幼儿园与家庭形成合作伙伴关系，共同支持幼儿发展，已被诸多国家列为质量目标和质量框架的一部分，我国《评估指南》也将“家园共育”列为“教育过程”的关键指标之一。提升家园共育水平，与家庭构建合作伙伴关系，是未来幼儿园质量发展的主要方向之一。四是现实与未来的综合。提升幼儿园质量，一方面要明确质量规范，着重在“补短板”上下功夫，同时不断提升最低质量水平，从而提升一个国家幼儿园的整体质量；另一方面更要根据目标明确何谓“高质量”的幼儿园和早期教育，从而为更多幼儿园指明发展方向。

第二节　各国对环境创设与保育的要求与建议

我国《评估指南》将“保育与安全”和“环境创设”列为评估内容的两个重要方面。与此相对应，多数 OECD 国家在其质量规范中对幼儿园环境设施、保育工作、安全防护等均有要求，并为幼儿园和教师提供操作性指导。本节以美国、日本、加拿大等国为例，说明各国在环境与保育等方面对幼儿园、教师的要求和建议以及部分可供参考的幼儿园实践。

一、美国“开端计划”对幼儿园环境创设的要求与建议

大量研究表明，经过良好设计的幼儿园环境能够充分激发幼儿学习和探索，促进其认知、创造力、行为与文化发展。许多国家对幼儿园的环境设计提出要求或建议，如澳大利亚国家质量框架提出幼儿园环境设计必须安全、干净，室内外玩教具必须依据特定的教育或儿童发展目的进行设置和摆放①；挪威鼓励幼儿园为儿童创造安全、能够激发儿童发展的环境②等。

在美国，“开端计划”要求幼儿园环境必须保证教职员工能够提供有效的教育与保

---

① Australian Children's Education and Care Quality Authority. Guide to the National Quality Framework[M]. Parlinghurst：ACECQA，2024.

② Furenes M I，Andresen A K，Løkken I M，et al. Norwegian Research on ECEC Quality from 2010 to 2021—A Systematic Scoping Review[J]. Education Sciences，2023(6)：600.

育工作，提供有组织的、能够帮助儿童健康发展的学习环境。因此，学习环境和玩教具的提供需要满足四点要求：第一是有序，环境和玩教具必须按照良好的组织和规划创设；第二是充足，环境和玩教具必须为幼儿提供足够的选择空间，充分帮助幼儿进行包括感知、探索、游戏、运动在内的多种形式的学习和发展；第三是适宜幼儿年龄，幼儿园需要为幼儿提供与其年龄和发展阶段相适应的环境和玩教具，并对残疾和特殊幼儿有专门支持；第四是环境需要根据幼儿的需求或发展水平定期更换。

在室内环境方面，美国的“开端计划”将有效的室内学习环境定义为能够支持并吸引儿童充分参与的环境，包括三部分内容：设计良好的物理空间、足够多样的与课程活动相关的材料、具有学习意义的分组设计。“开端计划”就室内环境提出部分建议：充分考虑儿童动线，但动线的设计不应鼓励儿童跑动；应用家具、地毯等明确区角的界限；保证教师能够随时看到教室内发生的所有情况；室内环境应当布置得和家庭一样温暖，具有相似的文化特征；室内空间应尽可能被灵活应用；安静与热闹的区域应尽可能分开，并布置在适宜的位置；保证室内布置的内容适宜，对儿童形成足够刺激但不过量；室内提供的信息与材料尽可能与儿童经历和幼儿园活动相关。

在户外方面，“开端计划”建议构建四种区域：一是象征性游戏区域，主要应用自然材料，包括沙子、树叶、树枝、泥土等游戏材料；二是声音区域，可以用自然材料制作“乐器”，包括风铃等；三是含水区域，可以用塑料瓶或盒子制作水墙和喷水瓶等；四是种植区域，尤其建议种植可食用的芳香类植物，包括薄荷、罗勒等。“开端计划”也提出若干户外空间创设的建议，包括持续绿化（多种植物、多使用自然材料）、提供多种地形供儿童攀爬玩耍、凸显与儿童生活经历相关的自然元素、保证所有儿童都能参与到户外活动中、为儿童提供一些户外的安静小空间、保证成年人随时能观察引导、为儿童提供大量树叶和木板等自然材料、根据儿童的表现对户外空间进行调整等。“开端计划”尤其建议幼儿园创设户外环境前要多与家长沟通，了解儿童日常在家喜欢的活动，并将这些元素在户外环境中凸显，以此保证户外活动的多样性与包容性。

二、日本等国家的保教融合实践

从全世界范围看，发展早期教育的路径主要有两种：一种是以美国为代表的“入学准备”路径，关注如何帮助儿童做好接受义务教育的准备；另一种是以日本为代表的“以日常生活为基础”，强调丰富儿童生活经验与体验，关注儿童整体发展。近年来，挪威、瑞典、新西兰、澳大利亚等诸多发达国家逐渐强调儿童整体发展，强调保教融合。如瑞典的幼儿园，在一日生活的各个环节中，教师充分利用与儿童沟通的机会对儿童进行引导。

如在午餐前，教师与儿童进行简短对话，询问儿童“需要几个盘子”“你身边有几个人”等，将教学活动深度嵌入生活活动，促进儿童多方面发展。①

日本的幼儿园将各类教育嵌入一日生活之中，并由此形成儿童日常生活中的一系列健康教育活动。幼儿园对儿童一日生活和教师工作均有细致安排，并用甘特图等直观的形式呈现，便于教师与儿童和家长沟通。儿童一日生活包括运动与游戏(晨间游戏、户外游戏、运动训练等)、卫生与生活活动(上厕所、刷牙、漱口、换衣服、洗手、吃午餐、吃点心、打水、整理自己的物品等)、集体教学活动等。其中卫生与生活活动的所有内容尽可能激发儿童参与准备、收拾、整理等过程，以此培养幼儿的独立性与社会性。②

日本从明治时期开始提出“食育”的概念，即“构造健康的保育”，这是日本学前教育课程的重要组成部分。“食育”的基本内涵是儿童通过饮食活动获得生长发育所必需的营养元素，打造强健体魄，通过日常进餐活动感受并了解食物与食材的特性，多尝试不同种类的食物，关注饮食与身体健康之间的关系，培养对食物的兴趣，具备良好的饮食习惯和饮食态度，养成健康的生活方式。③ 由此，日本要求幼儿园在吃午餐和点心期间进行一定活动，包括餐前指导和用餐指导、健康饮食习惯指导、筷子使用指导等。④ 日本幼儿园教师和保育员在进餐过程中特别关注食量少、进食慢的儿童，为这些儿童提供专门喂养，并以此帮助儿童增强人际交往、克服孤独。

三、加拿大、美国等国的安全防护要求

建立质量规范的目的之一就是保障儿童安全。OECD调查发现，所有成员国都对幼儿园进行最基本的安全检查，包括建筑安全、环境安全、员工安全资质和相关能力等。如加拿大马尼托巴省的《儿童保育安全宪章》(*The Child Care Safety Charter*)要求所有幼儿园必须制定安全规范和手册，包括室内外空间安全和设施、人员安全、紧急情况应对等。

美国“开端计划”要求所有幼儿园必须自行组建安全管理系统，负责幼儿园安全的制度管理、持续监控、设施设备安全维护、人员背景调查、安全培训、风险预判与控制、改正不当做法、持续提升安全水平等工作。“开端计划”对幼儿园设施设备、各类玩教具等均

---

① Lundqvist J, Franzén K, Munter A-C. Early Childhood Mathematics: A Case Study[J]. Early Years, 2023(4): 763－777.

② Miyake K, Tomokawa S, Asakura T. Lessons on Health Promotion from Japanese Early Childhood Development[J]. Pediatrics International, 2021(1): 22－36.

③ 贺佳，王小英. 日本儿童食育的实施策略与启示[J]. 吉林省教育学院学报，2022(5): 138－141.

④ Miyake K, Tomokawa S, Asakura T. Lessons on Health Promotion from Japanese Early Childhood Development[J]. Pediatrics International, 2021(1): 22－36.

做出了安全要求。尤其值得注意的是,“开端计划”强调教职工在安全管理中的作用。幼儿园安全管理系统应在疾病预防、简单用药、过敏预防与处理、各类风险预判与预防、防止虐待儿童、紧急情况处理、危险物质的储存和处理、急救与心肺复苏术等方面,为幼儿园教职工提供相应培训。幼儿园有义务向州、市或联邦报告可能的儿童虐待或忽视问题。“开端计划”同时要求所有参与项目的幼儿园具有防灾、应灾的能力,针对人为或自然灾害制订预案并做好相应准备。

四、经验与启示

综合多个国家对于环境创设的经验,我们可以发现,因地制宜、善用身边和自然界中容易发现的材料,鼓励或帮助儿童动手自制玩教具,是各国共同推荐的环境创设实践。幼儿园利用身边简单易得的材料,构建能够充分激发幼儿探求欲的环境,为幼儿提供多种学习和探索的机会,从而支持其在高质量环境中整体发展。

从全世界范围看,保教融合既是多数发达国家的普遍做法,也是早期儿童发展规律的必然要求。一些国家共同采取的实践是将教育转化为各类细节或互动,如简单对话、小活动或生活常规等,将其以尽可能自然的方式,有意识地嵌入一日生活的不同环节中,从而形成能够充分激发儿童探索、思考与发展的学习环境和氛围,帮助儿童成长。

第三节　世界各国提升课程活动与师幼互动水平的普遍实践

大多数国家基于本国经济、社会、人口、文化特征及儿童发展规律等,制定了国家与地区的幼儿园课程。了解不同国家的幼儿园课程与活动方式,能够充分吸取不同国家对儿童发展和幼儿园活动设计的经验,为幼儿园保教质量提升提供参考。同时,许多国家也在提升幼儿园课程实施水平及师幼互动水平等方面形成了具有特色的实践,并对幼儿园和教师提出了建议。本节综述不同国家的幼儿园课程与活动设计、不同国家提升课程实施水平和师幼互动水平的典型实践与主要建议,为我国幼儿园保教质量提升提供参考。

一、不同国家的幼儿园课程与活动设计

几乎所有的 OECD 国家都提出了幼儿园课程或学习标准。但不同国家对学习标准

的描述和视角有较大区别。以瑞典为代表的北欧国家强调对幼儿园活动和员工行为的期待，强调幼儿园教育过程。而英国、美国等国家则强调描述儿童发展领域和结果。新西兰等国家则基于本国民族和文化实际情况，构建了具有本国特色的课程体系。

瑞典的幼儿园课程是建立在整体看待幼儿及其发展需求基础上的，遵循保育、发展与学习整体设计的原则。其基本理念认为，幼儿园坚持保教一体，保持整体发展视角，以游戏作为幼儿发展、学习与幸福感提升的基础，促进幼儿语言、交流能力与创造性发展，并保证幼儿能够健康、幸福发展，具备长期发展的空间。瑞典幼儿园课程并未集中体现对儿童发展领域和水平的预期，而是对幼儿园提出了更多原则和要求，以此督促幼儿园进行整体设计，促进儿童发展。瑞典幼儿园课程要求幼儿园活动包含常规与价值观相关内容，结合保育、活动和学习，凸显儿童参与和影响，保持与家庭的密切合作，并与学前班和小学密切合作。①

在活动设计方面，瑞典着重强调自主游戏的重要地位。教师认为儿童通过自行组织活动、教师较少干预的情况更有利于儿童整体发展。② 虽然瑞典的幼儿园课程也包含集体教学活动、儿童发起的活动和教师发起的小组活动，但无论哪种活动均以游戏为主。儿童发起的自主游戏活动大多借助鹅卵石、机器人、拼图、棋盘游戏、桌游、骰子等玩具，教师发起的小组活动包含简短对话和针对学习目标进行的专门游戏活动等。儿童可以自行选择是否参与特定活动。教师也认为小组活动更能帮助其观察、引导儿童发展。③

与瑞典不同，英国英格兰地区的《幼儿基础阶段纲要》(*The Early Years Foundation Stage*，EYFS)明确规定了儿童发展领域和预期水平，强调幼儿教育的主要任务是为儿童打好基础、帮助儿童做好入学准备。《幼儿基础阶段纲要》意在为儿童提供有质量和有连贯性的早期教育，强调幼儿园应为每个儿童接受学校教育做好准备，并与家庭构建合作伙伴关系。《幼儿基础阶段纲要》将幼儿发展划分为交流与语言，身体发展，人格、社会与情感发展，文学，数学，理解世界，表现与设计七个领域，并提出幼儿园课程的原则包括：① 每个儿童都是独一无二的，通过学习可以获得能力、自信与承受力；② 儿童通过积极的关系发展成为强大、独立的个体；③ 儿童应当在富有教学意义和成年人支持的环境中学习和发展；④ 强调学习与发展，理解儿童学习与发展的进度存在差异性。

---

① Skolverket. Curriculum for the Preschool，Lpfö 18[M].Stockholm：Skolverket，2019.

② Lohmander M K，Samuelsson I P. Play and Learning in Early Childhood Education in Sweden[J]. Psychology in Russia：State of the Art，2015(2)：18－26.

③ Lundqvist J，Franzén K，Munter A-C. Early Childhood Mathematics：A Case Study[J]. Early Years，2023(4)：763－777.

《幼儿基础阶段纲要》也对幼儿园的活动设计提出了具体的要求。交流与语言领域要求幼儿园教师对幼儿的喜好和词汇发展做出反应与评论、组织与故事、非虚构类文学作品、童谣与诗歌阅读的活动。身体发展领域要求教师创造多种运动游戏、为儿童提供充足的室内外游戏机会、引导儿童借助拼图等小玩具发展精细运动控制能力等。人格、社会与情感发展领域要求教师以身作则、为儿童提供引导并支持儿童互动。文学领域要求教师引导儿童开展阅读、拼写或语言表达的相关活动。数学领域要求教师利用鹅卵石等玩教具引导儿童理解数字、大小、形状、度量等概念，并培养幼儿对数学的兴趣。理解世界领域要求幼儿园组织参观公园、图书馆、博物馆及会见警察、护士、消防员等活动，从而理解物质社会和世界，同时说明这种活动能够拓展儿童的词汇量。表现与设计领域要求幼儿园与教师为儿童提供多接触艺术、艺术媒介和材料的机会，在活动中引导儿童用语言交流对艺术和美的理解，并利用多种媒介进行表达等。①

新西兰是移民国家，文化多元，土著毛利人具有底蕴深厚的特色文化。在此基础上，新西兰教育部开发 Te Whāriki 课程，强调多民族幼儿的整体发展。“Te Whāriki”的本意为“羊毛毯”，是一种毛利特色手工艺品。羊毛毯的编制需要多种材料的融合和不同工种的合作，同时也留有一些未完成的部分，这意味着儿童将不断开始新的学习、不同群体共同保障儿童的学习，同时儿童也有潜力完成他们正在进行的教育之旅。毛利族传统文化认为，所有儿童生来都具有某种天赋的能力；在儿童发展过程中，精神是整体发展的基础，因为它连接了跨越时间和空间的其他维度。Te Whāriki 课程理念融合了毛利族传统文化中的观点和现代教育理论，认为所有的儿童都天生具有巨大的潜力，高质量的学前教育应帮助儿童发现潜力，为以后的学习和生活奠定坚实的基础。同时，Te Whāriki 课程强调多样的文化基础，尊重所有文化的现状，强调不同文化共同创造未来。该课程提出四大原则。一是助力。即课程应帮助所有儿童发现自身的能力，支持儿童发展自身的能力，为了学习和发展他们的潜能，儿童必须得到尊重和重视。教师要帮助、鼓励儿童参与活动，让他们获得更加丰富的体验。二是整体发展。一方面整体考虑儿童认知、身体、情感、精神以及社会和文化等方面的发展，另一方面将其看作一个想要学习的人，任务是一个有意义的整体，重视两个“整体”间的互动，儿童需要广泛丰富的课程，能够在各方面发展自己的能力，当儿童专注于一个特定的学习领域时，教师需要考虑这一领域如何与其他领域关联，以及如何基于儿童现有能力，帮助儿童获得这些联系。三是重视家庭和社区。即将家庭和社区看作幼儿园课程体系的一部分，一方面了解并尊重儿童的文化背

① Department for Education. Statutory Framework for the Early Years Foundation Stage: Setting the Standards for Learning, Development and Care for Children from Birth to Five[M]. London: Department for Education, 2023.

景和经历，包括家庭和社区的信仰、传统和育儿实践，另一方面重视与家庭的合作和对社区的引导，重视与社区的交流，使用恰当的交流方式，鼓励家长、社区为幼儿园课程做出贡献。四是重视关系。儿童是通过与人、地点和事物间的互动进行学习的，因此家长与幼儿园间的合作尤其重要，教师应主动考虑和利用与家庭沟通有关的文化工具，包括物质工具和心理工具等。

Te Whāriki 课程规定了五大领域，包括幸福感、归属感、贡献度、交流性和探索性，这些既是幼儿园课程与活动创设的领域，也是儿童发展的领域，幼儿园课程创设与儿童发展结果相互对应。"幸福感"主要包括儿童身心健康方面，要求幼儿园创设能够帮助儿童健康发展、促进儿童情感和幸福感发展、保证儿童安全的活动。"归属感"方面，幼儿园应当组织肯定并拓展儿童与家庭间的联系的相关活动、帮助儿童了解自身归属的相关活动、帮助儿童了解并适应日常生活和习俗的相关活动、帮助儿童了解正常行为的界限的相关活动。"贡献度"主要为儿童自我认知的相关内容，幼儿园应组织帮助儿童认识性别、年龄、种族等群体平等方面的活动，进行自我认知方面的活动，与他人共同学习的活动等。"交流性"方面，幼儿园应组织帮助儿童非言语沟通和言语沟通及技巧发展方面的活动、组织各类故事及帮助儿童了解自身文化符号方面的活动、帮助儿童以多种方式进行创造和表达等方面的活动。"探索性"主要为儿童身体与智力发展方面的内容，包括幼儿园应将游戏视为有意义的学习，提供帮助儿童控制身体、学习主动探索、思考和推理的策略，理解自然、社会、物理和物质世界等方面的活动。①

在进行具体课程设计时，新西兰 Te Whāriki 课程要求幼儿园做到"六步走"，其核心是基于幼儿园的基本情况，因地制宜地设计活动与课程。第一，幼儿园需要充分了解教师、幼儿和家庭的需求、能力、文化背景和视角等；第二，基于需求确定学习重点，包括学习的内容和方式，应依据领域要求、幼儿园情况，以及尽可能地为幼儿学习提供多种选择为原则制定；第三，要对教师如何回应做好计划，包括教师的职责、理论和基本方法、教学和活动策略、人员、材料和环境设计等；第四，实施课程或活动；第五，观察与反思，并与家长讨论，发现幼儿学习的方式；第六，反思与回顾，考虑经验对学习的影响、如何有效对幼儿及其家庭进行回应、是否有更好的路径选择、如何提升等。

二、不同国家提升幼儿园课程实施水平的典型实践

在具体课程实施方面，OECD 提供了诸多建议，包括寻求教学实例进行分析、通过咨

① Ministry of Education, New Zealand. Te Whāriki: Early Childhood Curriculum[M]. Wellington: New Zealand Government, 2017.

询专家并借鉴研究成果提升课堂质量，基于监测、跟踪或自评改进课程等。在荷兰、澳大利亚、苏格兰地区等，幼儿园可以查找国家课程试点地区的有效案例或相关项目经验。[①]幼儿园通过对实例的分析和学习改进自身的课程实施。例如，荷兰的金字塔课程（The Pyramid Project）基于儿童发起、教师发起、心理接近和心理距离等心理学概念和理论基础，明确了如何在课程中实现这些理念，如何基于这些理念促进儿童社会情感、运动技能、创造力和语言认知的发展等，并形成了实践样例。以自主游戏活动为例，金字塔课程将其分为三个层次：第一个层次为创设好游戏情境并观察，即教师在精心设计的游戏环境中，鼓励儿童自主游戏并进行观察；第二个层次为引导游戏表现单一的儿童参与更加丰富的活动，包括建议、引导、与儿童共同活动等；第三个层次为引导儿童学习如何进行游戏。在组织活动方面，金字塔课程建议幼儿园进行系统、长期、深入的计划，例如以“房子”为主题时，可以第一次引导儿童了解“房间”，第二次引导儿童了解“移动”等，随着儿童了解的不断深入，渐次提高难度，从而不断激发儿童的探求欲。金字塔课程多次提出案例和评估，幼儿园不断从这些案例和评估中汲取经验，改进自身的课程实施。现在，金字塔课程是荷兰最受欢迎、普遍实施的幼儿园课程之一。[②]

在澳大利亚、爱尔兰、英格兰、苏格兰、韩国和日本等国家和地区，教师均通过学习国家课程指南和相关教学实例等方式提升课程活动实施水平。如澳大利亚的《教育者指南》是围绕其国家课程《早期教育学习框架》进行编写的。在课程设计与实施部分，该指南要求教师首先思考学生的长处、兴趣与班级的教育目标，然后分解出明确的课程目标，及如何设计学习环境、教师的抉择、评估方式等，形成课程计划。只有当课程计划明确后，才能具体设计儿童应经历怎样的学习和探索过程，再进行计划实施。该指南同时要求在计划实施后，教师应对效果进行评估，并利用评估和反思进一步对课程进行提升。同时，该指南对教师如何将理念和理论转化为实践提出建议，要求教师自问“课程实施过程中的做法是否符合我们原本的想法”“这些做法反映了哪些信念与视角，反映得是否充分”“这些做法将如何与同事和家长交流”等问题。[③]

此外，澳大利亚、斯洛文尼亚、比利时、加拿大等国家的幼儿园通过邀请专家指导等方式，吸收最新研究成果以支持课程实施。如加拿大爱德华王子岛的幼儿园在课程实施方面可向咨询委员会求助。咨询委员会的成员包括学生家长、社会代表、早期教育专家、

---

① OECD. Starting Strong Ⅲ：A Quality Toolbox for Early Childhood Education and Care[M]. Paris：OECD Publishing，2012.

② Van Kuyk J J. The Pyramid Project[R]. Munich：EECERA Conference，1997.

③ Australian Government Department of Education，Employment and Workplace. Educators' Guide to the Early Years Learning Framework for Australia[R]. Barton：Australian Government Department of Education，Employment and Workplace，2015.

教育行政部门人员等。通过向委员会或成员，尤其是其中的专家进行咨询，并邀请专家入园指导，教师能够更加深入地理解课程框架，并更好地实施课程。①

许多国家的学前教育课程指南或相关文件中有基于监测、跟踪或自评结果改进课程结构的要求。如瑞典的《幼儿园课程指南》要求根据幼儿园团队成员自身职责、国家提供的课程目标和价值原则及儿童自身情况对课程的设计与实施进行评估，从而优化幼儿园课程的组织、内容与实施。瑞典要求评估从两方面着手：从儿童方面，了解每个儿童的经验与参与情况，及课程实施前后儿童知识和能力的变化情况；从工作方面，评估课程设计的工作流程、课程实施与目标的对应程度，并研究能够采取哪些措施促使幼儿在园内更快乐地学习、发展。瑞典的《幼儿园课程指南》特别提出，对评价结果的分析至关重要，一切形式的评价都应以儿童视角为出发点，儿童和家长应参与评估。②

三、不同国家对提升师幼互动水平的建议

世界上大部分国家对提升师幼互动水平的建议大多集中在三个部分：一是整体敏感性，即对幼儿互动需求、互动状态、行为与表达的感知；二是应答性，即对幼儿做出支持性或引导性的反应；三是通过互动激发幼儿好奇心、探求欲并鼓励幼儿主动学习的水平。如新西兰认可的师幼互动主要指标包括教师对儿童的应答水平、能否在活动中引导儿童、能否加入儿童游戏、能否提出开放性问题、能否为幼儿提供可选择的学习领域等。英国英格兰地区鼓励教师为儿童提供尽量多的对话机会，提升语言的复杂性，鼓励儿童独立解决问题，鼓励教师在与儿童互动时持续与儿童共同思考，通过开放式提问拓展儿童的思维。③

挪威和瑞典学者通过对两国幼儿园实践的研究，归纳出师幼互动的三种典型类型。第一种是控制型的交流互动，这类互动中儿童参与十分有限，教师往往通过一对一交流或直接教授的形式与儿童进行互动，教师控制交流的具体内容和方式，儿童的发起和行为往往被忽视。第二种是支持型的交流互动，这类互动中儿童的参与大多是被动的。这类互动的主要特征是教师肯定儿童的表达，并提出支持性的、有帮助或指引性的问题，但以选择性问题为主。这类互动考虑了儿童的发起与行为，但依旧是个别的，难以考虑到

---

① Government of Prince Edward Island. Prince Edward Island's Preschool Excellence Initiative: First Year Implementation Report[R]. Charlottetown: Government of Prince Edward Island, 2013.

② Skolverket. Curriculum for the Preschool, Lpfö 18[M]. Stockholm: Skolverket, 2019.

③ Melhuish E, Ereky-Stevens K, Petrogiannis K, A Review of Research on the Effects of Early Childhood Education and Care (ECEC) upon Child Development[R]. Utrecht: CARE Project, 2015.

小组或室内其他儿童，不能引导儿童相互注意和交流。第三种是合作型的交流互动，这类互动中教师与儿童群体相互参与。这类互动的核心是“与儿童交流”而非“对儿童交流”，充分应用开放性、回应性问题，询问儿童的意见、想法和解决方案，尽可能遵循儿童视角，教师与儿童共享话题、相互注意，共同参与到主动且紧密联系的交流互动中，教师不完全控制交流的内容和形式，儿童有时间交流，表达自己的见解和观点，倾听同伴并给予回应。研究者同时发现，这种合作型互动在小群体的自主游戏、用餐环节和衣帽间场景中最为常见，在集体教学活动中很难出现，这也与教师本人的选择及其对儿童生活经历的了解程度相关。①

在此基础上，结合瑞典国家课程中整体看待并设计幼儿发展的理念，瑞典国家教育局提出，与每一个幼儿的互动是帮助幼儿整体发展的重要做法。其具体包括四个方面：一是倾听、了解每一个幼儿，尊重幼儿的需求和意愿，帮助幼儿表达其需求；二是保证幼儿对情境和活动的参与，帮助幼儿理解环境，通过沟通加强幼儿对周围环境的理解，为幼儿提供选择的机会；三是帮助幼儿设置边界，支持幼儿通过语言或其他方式说明自身与他人之间的界限，支持幼儿合理表达拒绝；四是成为榜样，与同事保持良好和相互信任的工作氛围，保持良好的行为习惯，尊重幼儿，对幼儿说明自身的选择与边界等。

四、经验与启示

课程总体框架说明了一个地区引导幼儿发展的总体内容和方法，是“教什么”和“怎样教”的集中体现，这也反映了这一国家或地区对幼儿园所承载的功能定位和幼儿发展的认识。例如通过对新西兰 Te Whāriki 课程的了解和分析，我们能够了解一个国家的传统文化如何与现代、科学的早期教育理念相融合，充分寻求民族特色、传统文化与科学理念之间最大的共同点，利用科学的视角对传统文化进行解读和重新建构，从而形成完整而有特色的课程体系。

不同国家对幼儿园课程的表述虽然存在过程导向与结果导向的巨大差异，但其中仍存在诸多共同点。首先，各国课程框架大多体现了对幼儿认知水平、社会情感、身体健康发展等多个方面协调发展的追求。无论课程如何划分儿童发展的关键领域，促进儿童认

① Ree M, Emilson A. Participation in Communities in ECEC Expressed in Child-Educator Interactions[J]. Early Child Development and Care, 2020(14): 2229 - 2240.

知发展和社会情感发展具有同等重要性。① 其次,各国的课程框架均强调儿童具有主动学习和探索的能力。教师的职责在于激发儿童探索和学习的欲望,为儿童构建适宜探索和学习的环境,引导儿童进行探索和学习。再次,游戏与活动在大部分国家的课程框架中占有重要地位,其作用恰恰在于激发和引导儿童进行主动的探索和学习。这与我国《指南》中强调促进幼儿园坚持以游戏为基本活动、理解尊重幼儿并支持其有意义地学习相一致。最后,在具体课程设计方面,新西兰、澳大利亚、荷兰、瑞典等国家均建议幼儿园应在充分了解儿童发展现状、需求和兴趣的基础上进行整体考虑,基于年度或学期整体计划课程,然后再进行具体设计。这种整体计划能够保证课程与学习目标的连贯性,提高课程质量,保证学习效果,对于幼儿发展意义重大。

在课程实施与师幼互动方面,各个国家均有其改善方法。对于幼儿园而言,提升课程实施与师幼互动水平的关键不仅在于采用“正确的”做法,也在于充分了解不同的改善方法,选择最适宜幼儿园的课程实施及师幼互动工具和方法,或基于幼儿园自身情况,组合不同的方法,形成改善机制。幼儿园课程实施和师幼互动的完善是一种动态过程,需要不断探索、评估。因此,参考世界各国经验进行持续改善十分有必要。

第四节　各国采用多种方式支持教师职业发展并改善其工作条件

我国《评估指南》将教师专业发展和激励机制作为教师队伍方面的关键指标,强调提升教师专业能力和园长专业领导力。教师与园长能力的提升也意味着幼儿园教师工作环境的改善。在国际实践中,各国普遍强调对教师专业发展和工作环境改善的支持。美国、丹麦、意大利及众多 OECD 国家在这两方面均有实践可供借鉴。

一、各国支持幼儿园教师职业发展的典型实践

从全世界范围看,教师职业发展呈现出系统性和创新性不断增强的特点。一方面,教师职业发展项目的形式已不再局限于传统培训课程和技能培训,而出现了诸多新颖的培训形式,如瑞典国家教育局与电视台合作,制作相关短片帮助教师职业发展,意大利充

① Pramling N, Samuelsson I P. Educational Encounters: Nordic Studies in Early Childhood Didactics[M]. Dordrecht: Springer, 2011.

分应用信息技术对教师工作和实践进行指导，韩国在充分考虑教师及其工作环境，为教师提供定制化培训，挪威创建国家级学前教育论坛，以提升保教质量为话题，促进园长、教师、家长、政府官员等相互讨论，帮助教师提升职业能力水平，帮助幼儿园提升保教质量。①

另一方面，教师职业发展系统化并不断提升，教师职业发展项目往往包含培训、实习、研究等多种形式和多项内容，共同指向教师能力水平和幼儿园保教质量的提升。例如，美国基于课堂评估评分系统（CLASS）提供长期的系统化职业发展项目，包括：① 结对辅导，教师参与以 10 个月为周期、一对一的师徒结对辅导项目，辅导主要内容为分析教师的课程实施和师幼互动行为，为年轻教师拓展发展空间；② 课程培训，尤其帮助教师从了解评价工具入手，帮助教师了解评价维度和指标，反思自身的活动设计、实施与师幼互动过程，从而显著提升保教质量；③ 视频库，采录真实的教学活动和师幼互动视频，通过视频解析向教师说明高效师幼互动应怎样实施，这一方法能够显著提升幼儿的社会情感水平。对项目的评估显示，这种三种培训形式共同作用的系统化的培训能够充分提升教师的课程实施和师幼互动水平。②

值得注意的是，教师职业发展项目中，研究的比重不断提升，全世界范围内实践、行动与研究间的联系越来越紧密。以丹麦的教师职业发展、质量与儿童发展创新实践项目（VIDA）为例，这一项目与传统以理论或知识的培训项目不同，强调以日常保教实践中获得的证据为基础，对日常实践进行深入反思和分析，将教育计划与实验方法相结合，并采用组织学习视角，使参与培训的幼儿园实现保教质量的整体提升。VIDA 培训周期为两年，既有课程要求，也有实践要求，包括五个阶段的内容：① 知识与反思，包括关于早期教育和儿童发展的研究和理论，同时教师也要积极反思自己所学习的内容，以及如何将所学理论应用于改善实践；② 分析与行动，参与培训的教师获得多种帮助反思日常教学实践的小工具，通过应用工具将第一阶段学习到的抽象知识转化为基于实践的知识；③ 组织学习，参与培训的教师和园长在幼儿园内与同事共享新知识、对日常保教工作进行反思，使整个幼儿园共同参与变革；④ 实验，幼儿园基于获得的新知识和集体反思，在解决冲突与提升管理水平、改善儿童间互动或师幼互动等方面制定试验方案，进行至少持续一个月的实验，并对实验的效果进行评估与反思，从而提升幼儿园内所有教师的实践水平；⑤ 形成创新社群，所有参与项目的幼儿园共同参与年度工作坊，分享创新实验和做

① OECD. Starting Strong Ⅲ：A Quality Toolbox for Early Childhood Education and Care[M]. Paris：OECD Publishing，2012.

② Vitiello V. Teacher-Child Interactions in Early Childhood：Research Summary[R]. Charlottesville：Teachstone® Training，2014.

法，并将研究和知识转化为实践后的变化，形成相互支持的创新社群。这种培训使教师更加了解研究与实践间的联系，并调动了教师参与培训和创新的积极性，充分发挥了教师的潜力，形成了实用的师幼互动和保育教育新方法，也显著提升了儿童幸福感和社会情感发展的水平。

在意大利的一些幼儿园中，教师培训强调对日常工作的反思，着重提升教师的自我反思能力与研究能力，以此形成园所文化，通过园所文化建设将教师每日的保教实践与最新的幼儿发展理论相联系，促进幼儿园保教质量提升和教师职业发展。其中一些幼儿园为教师设计年度职业发展计划，形成一套基于教师专业知识水平和研究能力水平、主要反映教师对相关概念和规律的理解程度、可记录并可交流的职业发展系统，促进教师职业发展和相关元认知水平的提升。园长认为，这一过程中，对教师的反思、学习和研究过程及对相关知识的认识深化过程进行记录，并供不同教师利用记录相互交流至关重要。①

二、OECD 对提升教师工作环境的建议

OECD 将提升幼儿园教师工作环境归结为四个方面。一是教师的控制感与决策权，尤其是对自身日常工作的决策权。幼儿园应鼓励教师在国家政策和课程方案允许的范围内，选用自身认为适宜的工作资源、活动形式、教学和实践方法等对幼儿进行保育和教育。同时，教师也应享有对幼儿园的重要决定进行表达或发声的权利。二是与同事的合作。OECD 认为，教师应面对稳定的儿童群体，有稳定的团队归属。团队工作既是相互合作的过程，也是共同学习的过程。同事间应有明确的计划和分工。教师对同事的工作有反馈、积极参与团队中关于儿童发展和保育教育方法方面的讨论、与同事共同探讨如何评估儿童发展水平等，都能提升教师对工作的满意水平，同时能够改善幼儿园的整体工作环境。三是园长对教师支持。园长应当促进教师间的交流互动、启发新的工作思路、保障教职工各安其职、帮助教师提升保教水平、明确说明园所的发展目标与愿景等。四是同事间的反馈与赞许，这对教师充分提升自身能力、面对挑战性情境等有重要作用，教师间进行充分反馈、及时对同事的工作表达赞许对改善园所的工作环境同样有重大意义。OECD 同时提出，影响教师工作环境的因素既包括园所自身特点及其限制性因素，也包括教师对工作环境的感知与态度，以及教师对工作环境

① Bove C, Mantovani S, Jensen B, et al. Report on "Good Practice" Case Studies of Professional Development in Three Countries[R]. Milan: CARE Project, 2014.

的行为反馈。当教师共同创造了稳定、和谐、易于交流的工作氛围，园所工作环境自然得到改善。①

三、经验与启示

从全世界范围看，强调教师培训的系统性和多样性是各国助力教师发展的普遍做法。幼儿园教师需要持续连贯的专业发展机会和提升专业能力的机会，在提升专业能力时需要将理论与实践相结合，因此也需要多种培训形式相互补充，提升教师多方面的能力。

同时需要注意的是，多数发达国家十分强调信息技术在教师和教职工职业发展中的应用。除上文中列举的国家外，澳大利亚、奥地利、比利时、新西兰等多个国家的幼儿园均用在线培训和远程实践指导等形式提升教师专业能力，或为教师职业发展水平提供指导。OECD 同样认为，正规培训课程与在线培训或远程指导并不完全割裂，而是相互补充的。② 对于我国幼儿园而言，通过信息技术与专家充分交流、利用线上资源开展教师研训的经验同样值得借鉴。国家中小学智慧教育平台的“教师研修”版面专门开设了“幼教研修”栏目，内含游戏案例、《指南》解读、研究与支持等，同时一些园长也在“名师名校长”栏目中设置专栏。幼儿园可以通过充分应用线上资源和信息技术，开展多种教研活动。

各国的教师职业发展实践说明，教师自主开展研究、幼儿园之间形成研究共同体，对于教师提升专业水平、幼儿园提升保教质量都有实效。通过参与研究，教师能够更加明确自身需求，反思自己的日常工作，并积极主动地提升自身的业务能力。幼儿园之间形成研究共同体，形成沟通机制，相互交流研究和培训成果，对幼儿园而言能够有效借鉴其他幼儿园的经验做法，在区域层面能够促进幼儿园共同提升。

一方面，幼儿园可以通过加大资金投入、改善物理环境、降低师幼比等方式改善教师的工作环境。另一方面，幼儿园内的整体工作氛围、教师间的合作共事情况同样影响着教师的工作环境，紧张的同事关系同样是增加教师工作压力的原因之一。因此在幼儿园范围内，保证教职工之间充分沟通和紧密协作、创建和谐的幼儿园工作氛围、园长对教师提供足够多的工作支持等，都对改善教师工作环境具有重要意义。

---

① OECD. Building a High-Quality Early Childhood Education and Care Workforce: Further Results from the Starting Strong Survey 2018[M]. Paris: OECD Publishing, 2020.

② OECD. Starting Strong Ⅲ: A Quality Toolbox for Early Childhood Education and Care[M]. Paris: OECD Publishing, 2012.

第五节　各国幼儿园吸引家庭参与的普遍实践

幼儿全面发展不仅需要幼儿园提供高质量的保教活动，也需要从家庭和社会中获得支持。我国《评估指南》将“家园共育”作为“教育过程”的关键指标。与此相类似，各国普遍将家庭对幼儿教育的参与列为提升幼儿园保教质量的重要组成部分，并提出构建共同目标、吸引家长参与幼儿园工作、支持家庭改善教育环境等关键内容。

一、各国普遍构建幼儿园与家庭共同认可的质量目标

OECD和世界范围内诸多国家均认为，幼儿园与家庭共享教育目标至关重要，这需要幼儿园与家庭乃至社区的共同努力。首先，密切沟通是构建共同目标的基础。幼儿园可以通过开家长会、书面沟通、各类远程通信和家访等多种沟通渠道，明确幼儿园与家长间的沟通机制，并以沟通机制促进幼儿园与家长间的相互了解和学习。幼儿园也要尽可能地了解家长获取育儿相关知识的渠道，以此获知家长如何认识早期教育、幼儿发展和幼儿园工作等。① 例如，英国的幼儿园为每个幼儿指定一名联络人，并将联络人的姓名、职务、联系方式等告知父母。联络人负责确保幼儿园与家长之间顺畅沟通，依据家庭的需求为儿童制订发展计划、寻求家庭支持并为家庭教育提供指导等。②

通过密切沟通，幼儿园首先要了解家长对幼儿发展和幼儿园工作有怎样的认识和期待。这些期待往往与幼儿园自身的预期不同。例如，欧盟调查发现，虽然大部分欧洲国家的父母都重视儿童社会情感发展，但希腊、挪威、葡萄牙等国的家长同时重视儿童认知能力和学习能力的培养，这往往与国家课程的指向和幼儿园的预期并不相同。同时，家长对幼儿园保教质量的认识也与幼儿园不尽相同。例如，部分家长更加重视物理环境的安全性和有序性，重视对疾病的感染和预防，甚至重视健康食品供应，却不重视师幼比、是否有稳定的幼儿群体等问题。同时家长普遍认为，教师能够为家长提供支持，比拥有

---

① OECD. Starting Strong Ⅲ: A Quality Toolbox for Early Childhood Education and Care[M]. Paris: OECD Publishing, 2012.

② Department for Education. Statutory Framework for the Early Years Foundation Stage: Setting the Standards for Learning, Development and Care for Children from Birth to Five[M]. London: Department for Education, 2023.

足够的工作经验和较高的教育水平更重要。① 由此可见，家长对幼儿园和幼儿发展的期待可能与幼儿园方面有较多不同，幼儿园更需要通过密切沟通，充分了解家长的预期和认识，在相互了解的基础上构建共同的教育目标。

构建共同目标，不仅要充分交流、了解家长对幼儿发展和幼儿园工作的预期，更重要的是形成共同的价值观，共享对于幼儿发展最重要因素的认知及相关理念。在这一方面，美国学者建议幼儿园特别要对家长说明，当我们在明确对幼儿认知、行为、发展等方面的预期时，这些预期究竟意味着什么，及其所对应的育儿理念。② 高瞻研究表明，幼儿园不能一味与家长简单沟通，而应在与家长的持续沟通中帮助家长明确幼儿发展的正确观念和教育方法，使家长成为幼儿园的合作伙伴，这是实现学前教育质量提升的关键因素。③

二、各国吸引家长参与幼儿园工作的实践

OECD的多个国家如挪威、韩国、澳大利亚、加拿大、爱尔兰、波兰等，均采用家长委员会的形式鼓励家长与幼儿园充分沟通，并以此保证家长参与幼儿园教育的机会和权利。OECD指出，吸引家长参与幼儿园课程和活动的设计与实施对于双方和幼儿的发展都十分重要。这包括四个层次：① 在进行课程设计与实施时将家庭作为儿童发展的关键因素进行考虑；② 在讨论课程框架、课程内容和实施方法时，考虑家庭在儿童发展、学习和幸福感提升方面的影响和作用；③ 课程方案中明确教师与家长双方的参与和共育方式；④ 课程方案设计包含幼儿园和家庭两种情境。④ 上文所介绍的瑞典、澳大利亚、新西兰、英国的国家或地方课程中都有与幼儿家庭进行充分联系和沟通、考虑幼儿家庭经历等原则描述。如澳大利亚要求教师在设计课程活动之前要认真考虑如何与家长沟通，充分倾听家长意见，在充分理解并尊重家庭文化、语言和生活经历的基础上设计课程。⑤ 一些国家在家长参与幼儿园课程设计和实施等方面做出更深探索，如在斯洛文尼亚，家长与幼儿园

---

① Broekhuizen M, Leseman P, Moser T, et al. Stakeholders Study. Values, Beliefs and Concerns of Parents, Staff and Policy Representatives Regarding ECEC Services in Nine European Countries[R]. Utrecht: CARE Project, 2015.

② Bodrova E, Leong D, Shore R. Child Outcome Standards in Pre-K Programs: What are Standards; What is Needed to Make Them Work? [R]. New Brunswick: National Institute for Early Education Research, 2004.

③ Schweinhart L J, Weikart D P. The High/Scope Preschool Curriculum Comparison Study Through Age 23 [J]. Early Childhood Research Quarterly, 1997(2): 117 - 143.

④ OECD. Providing Quality Early Childhood Education and Care: Results from the Starting Strong Survey 2018 [M]. Paris: OECD Publishing, 2019.

⑤ Australian Government Department of Education, Employment and Workplace. Educators' Guide to the Early Years Learning Framework for Australia[R]. Barton: Commonwealth Australia, 2010.

共同计划活动安排，并参与活动；芬兰家长与教师共同制订教育计划和目标、明确实施路径并监测实施效果等。类似的操作还出现在西班牙、韩国、日本、挪威等国家，幼儿园通过家长对幼儿园课程设计与实施的参与，帮助家长了解幼儿园课程和教育计划，吸纳家长的意见和建议，从而促进幼儿发展。①

OECD 国家中，50%以上的教师接受过以与家长沟通协作为主题的培训活动。韩国、荷兰、葡萄牙和芬兰等国家均重视培养教师与家长沟通能力和完善家长参与活动的能力。在意大利米兰的一些幼儿园，幼儿家长与教师共同参与教师职业和研训活动。在这些培训中，家长一方面充分了解幼儿园如何重视儿童和家庭，另一方面也被邀请发言，讲述儿童的生活经历、家庭故事和自身个人经历。这些培训通过食物分享、节日庆祝等专题活动，帮助教师加深对不同家庭和社区的理解。同时，教师和家长通过共同培训和研究，确定教师与家长之间顺畅交流的方式，帮助教师提升与家庭交流的能力，也实现了家庭与幼儿园之间的深度合作。

在一些国家，家长委员会起到参与幼儿园发展决策和幼儿园管理的作用，从而一方面促使幼儿园管理更加完善、提升保教质量，另一方面帮助家长了解幼儿园工作。如挪威的每个幼儿园均设置了家长委员会，委员会可以就幼儿园和幼儿发展、家长参与的所有重要事件发表意见。德国的幼儿园中，家长成立顾问委员会，参与重大事项的咨询。美国"开端计划"要求每个参与项目的幼儿园和每个分项目都设立家长委员会，其职责包括：在幼儿园的项目规划、活动等方面向教师提供建议，保证活动能够满足儿童和家庭的需求；在项目和活动过程中与幼儿园保持交流；参与项目人员征集工作。

三、各国以幼儿园为媒介支持家庭改善教育环境

根据 OECD 的调查，各国幼儿园在家园共育方面最常见的做法包括：与家长保持联系、告知家长儿童在幼儿园内的日常活动和发展情况、为家长与儿童互动提供建议、安排各类活动以吸引家长进入幼儿园参观、为家长开设关于儿童养育与发展等主题的讲座等。② 荷兰、挪威、瑞典、斯洛文尼亚等国家的幼儿园大多通过组织幼儿园开放日、家长会、一对一探访交流等形式，帮助家长了解儿童早期发展规律和原理、育儿方法、儿童发展过程中可能出现的问题及其解决方式、对特定儿童的有效教育方式等。德国等国家在

① OECD. Starting Strong Ⅲ: A Quality Toolbox for Early Childhood Education and Care[M]. Paris: OECD Publishing, 2012.

② OECD. Providing Quality Early Childhood Education and Care: Results from the Starting Strong Survey 2018[M]. Paris: OECD Publishing, 2019.

幼儿园中划定专门的区域，供教师和家长见面讨论相关问题。这些做法有效改善了幼儿家庭教育环境，为幼儿园和家庭实现共同教育目标起到重要作用。

在指导、帮助家长创造更好的家庭教育环境方面，一些国家的幼儿园通过向家长分发材料的方式帮助家长了解科学的育儿方法。如挪威幼儿园分发“多语言家庭儿童”指导用书，帮助家长解答儿童双语或多语种发展中的常见问题。瑞典幼儿园分发鼓励家长参与学前教育的资料，如在家庭中帮助儿童发展语言的小册子、相关案例和文章等。斯洛伐克、荷兰、西班牙、捷克、英国等国家均有教师或幼儿园为家长提供材料的实践。其中提供的材料不仅包括面向家长的教育材料，也包括面向儿童的绘本、故事书、光盘等。[①]

一些国家的幼儿园通过家访的形式，强化幼儿园与家庭间的联系，也帮助家庭改善家庭教育环境。如结构化的、以儿童为中心的家访是美国“开端计划”的重要组成部分。教师通过家访帮助家长了解儿童正在发展的技能，以及帮助儿童提升和进一步发展的策略，帮助家长构建适合儿童学习的家庭环境、创造更多激发儿童发展的机会，帮助家长在此过程中进一步了解儿童发展过程和家庭教育方法等。

四、经验与启示

从全世界范围看，幼儿园与家庭的合作大多是双向的。幼儿园需要充分与家庭沟通交流，在课程设计与实施、教师研训等方面考虑如何与家长沟通、吸引家长走进幼儿园，作为幼儿园的参与者、咨询者乃至管理者支持幼儿园教育工作。大部分国家都意识到，这是由于幼儿的发展需要幼儿园和家庭在教育目标、理念和方法等方面尽可能一致，也是由于幼儿园课程和活动设计必须尽可能地贴近儿童的生活，而幼儿园要了解儿童的生活经历则必须与家庭保持密切联系。这需要教师提升与家长沟通的能力，也需要幼儿园在课程设计、活动组织、管理等方面尽可能地吸纳家长的意见。另外，家长同样需要了解科学的育儿观念和方法，因此幼儿园也需要对家长做出引导。各国幼儿园大多采用书面、当面交流或组织活动等形式对家长做出指导，其内容和形式值得我国幼儿园借鉴。

① OECD. Starting Strong Ⅲ：A Quality Toolbox for Early Childhood Education and Care[M]. Paris：OECD Publishing，2012.

第五章　我国幼儿园保教质量提升的成就、问题与对策

学前教育是终身教育的开端，是国民教育体系的重要组成部分，是重要的社会公益事业。学前教育是基础教育的基础，对个体一生的成长以及一个国家的未来都有着重要影响。党和国家高度重视学前教育的发展，特别是党的十八大以来，在以习近平同志为核心的党中央的领导下，各级党委和政府始终把学前教育摆在优先发展的重要位置，不断深化学前教育领域综合改革，推动我国学前教育在普及、普惠、公平、优质等方面全面提升。

学前教育的普及是提高教育质量的基础。近十几年来，我国政府一直努力扩大幼儿园的建设规模，以满足人口日益增长的需求。政府通过加大对早期教育投入与政策推动，提供了更多的学前教育资源与服务。一些幼儿园进行了课程与教学改革，强调通过游戏、主动学习促进幼儿的学习与发展，同时更加重视师资培训，通过促进教师专业发展使其更好地支持与满足幼儿的成长需求。家庭教育受到重视，政府与社会组织通过开展家庭教育宣传与培训，帮助家长更好地履行育儿职责。2019 年，中共中央、国务院印发《中国教育现代化 2035》，提出“到 2035 年，总体实现教育现代化”。学前教育现代化的发展目标是普及有质量的学前教育，学前教育现代化的战略任务是推动学前教育高水平高质量普及。保教质量的提升关系到学前教育现代化的实现。2022 年 10 月，党的二十大报告指出，“高质量发展是全面建设社会主义现代化国家的首要任务”，要“坚持以人民为中心发展教育，加快建设高质量教育体系”，并特别指出“强化学前教育、特殊教育普惠发展”。[①] 2024 年 7 月，党的二十届三中全会提出，教育、科技、人才是中国式现代化的基础性、战略性支撑，在发展中保障和改善民生是中国式现代化的重大任务，必须加强普惠性、基础性、兜底性民生建设，健全人口发展支持和服务体系。

站在新的历史起点上，我们既要把握学前质量之基，回望过去取得的成就，梳理汲取保教质量提升的宝贵经验，更要科学判断分析现状，找准问题突破口，积极寻找对策，应对挑战，聚焦保教质量全面提升，继续探索中国特色学前教育现代化发展之路。

---

① 习近平.高举中国特色社会主义伟大旗帜 为全面建设社会主义现代化国家而团结奋斗——在中国共产党第二十次全国代表大会上的报告[M]//《党的二十大报告辅导读本》编写组.党的二十大报告辅导读本.北京：人民出版社，2022.

第一节　幼儿园保教质量提升的重要成就

2010 年以来，我国颁布了一系列有关学前教育的政策法规，推进学前教育改革与发展，以保障适龄儿童接受基本而有质量的学前教育。2010 年 7 月，《国家中长期教育改革和发展规划纲要（2010—2020 年）》（以下简称《教育规划纲要》）颁布，明确提出“基本普及学前教育”的目标。2010 年，国务院印发《关于当前学前教育改革发展的若干意见》，确立了坚持公益普惠，着力构建覆盖城乡、布局合理的学前教育公共服务体系，初步建立了教育部门主管、各有关部门分工合作的工作机制。2017 年，中共中央办公厅、国务院办公厅印发《关于深化教育体制机制改革的意见》，指出要逐步建立健全国务院领导、省市统筹、以县为主的学前教育管理体制。国家先后出台了《3—6 岁儿童学习与发展指南》《幼儿园教师专业标准（试行）》《幼儿园园长专业标准》《幼儿园工作规程》《幼儿园办园行为督导评估办法》《幼儿园建设标准》《关于大力推进幼儿园与小学科学衔接的指导意见》《幼儿园保育教育质量评估指南》等一系列指导性文件，2024 年 11 月 8 日，十四届全国人大常委会第十二次会议表决通过《中华人民共和国学前教育法》（自 2025 年 6 月 1 日起正式施行），将学前教育发展逐步纳入制度化、法治化轨道。

十几年来，国家连续实施三期学前教育三年行动计划，切实把学前教育纳入民生工程。我国学前教育获得了跨越式发展，学前教育公共服务体系初步建立。学前教育资源迅速扩大，普及水平大幅提高，管理机制不断完善，人民群众普遍关注的“入园难”“入园贵”问题得到了有效解决。[①] 据 2024 年 10 月 24 日教育部发布的全国教育事业发展统计公报统计，截至 2023 年，全国共有幼儿园 27.44 万所，其中，普惠性幼儿园（包括公办园和普惠性民办幼儿园）23.64 万所，占全国幼儿园比例的 86.15%，比上年提高 1.2 个百分点。学前教育毛入园率为 91.1%，比上年提高 1.4 个百分点，比 2011 年增长了 28.8 个百分点，学前教育专任教师有 307.37 万人，专任教师中专以上学历的占 92.74%，满足了广大人民“幼有所育”的生活需求。

一、幼儿园环境与保教条件得到明显改善

随着对学前教育的高度重视以及社会对学前教育的持续关注，国家对学前教育投入

① 中国教育科学研究院. 砥砺十年铸华章 中国教育改革发展报告（2010—2020）[M].北京：教育科学出版社，2021.

的财政经费逐年增加。据统计，2023 年，全国学前教育总投入为 5 382 亿元，比上年增长 4.7%，相比于 2009 年的 245 亿元增加了近 21 倍。生均经费不断增加，2023 年全国幼儿园生均教育经费总支出为 16 243 元，比上年增长 8.8%，与其他学段相比涨幅最高。《教育规划纲要》中明确要求制定学前教育办园标准，教育部等四部门《关于实施第三期学前教育行动计划的意见》中再次强调配备幼儿园玩教具，为幼儿创设丰富的教育环境。这些政策的实施有力地保障了幼儿园办园水平的大幅提升。学前教育机构在人员条件（幼师比，保育员、专职保健医数量资格）、空间设施（生均占地面积、生均运动空间、活动室空间等）、材料、生活、卫生、安全设施等方面均得到明显改善，这些可作为衡量保教质量的具体的、可观察的资源或工作条件，为高质量的保教质量发展提供必备的物质基础。刘占兰、高丙成在对我国各地区学前教育综合发展水平进行综合评价的研究中指出，学前教育质量评价的指标主要包括学前教育结构性质量、过程性质量和儿童发展水平，[①]结构性质量影响着过程性质量及儿童发展水平。

幼儿园的硬件环境和保教活动基本条件的不断改善主要包括：幼儿园生均教学及辅助用房（包括洗手间、睡眠室、保健室、图书室等）面积、生均户外活动场地面积、生均玩具量、图书量拥有量等在逐年增加。[②] 2020 年全国办园条件指标显示，生均绿化面积从 2011 年的 1.36 平方米提升到 2.63 平方米，生均运动场面积从 2011 年的 2.93 平方米提升到 5.07 平方米，分别达到了《幼儿园建设标准》中提出的生均 2 平方米和 4 平方米的标准；生均图书册数从 2011 年的 4.35 册提升至 9.73 册，达到了《幼儿园安全友好环境建设指南（试行）》中要求的全园幼儿人均图书不少于 7 册的标准，与 2022 年教育部印发的《评估指南》中规定的人均数不少于 10 册的标准已经接近。[③]

二、适合中国幼儿发展的保教活动体系初步建立

十八大以来，围绕“立德树人”的根本任务，以及“培养什么人、怎样培养人、为谁培养人”的教育根本问题，国家不断深化课程领域综合改革，走出一条具有中国特色的课程改革之路，积累了宝贵的经验。课程是教育思想、教育目标和教育内容的主要载体，直接影响人才培养的质量。幼儿园课程寓于保教活动当中，是保教质量的核心和关键。

---

① 刘占兰，高丙成.中国学前教育综合发展水平研究教育研究[J].教育研究，2013(4)：30－37.

② 田慧生，邓友超.让十三亿人民享有更好更公平的教育 十八大以来教育质量提升的成就与经验[M].北京：教育科学出版社，2017.

③ 常怡聪，顾凯维，王玲艳.“十四五”时期中国学前教育发展面临的挑战与机遇——基于 2010—2020 年全国和区域面板数据的分析[J].早期教育，2023(6)：2－8.

2010年国务院印发《关于当前发展学前教育的若干意见》，指出学前教育要"遵循幼儿身心发展规律，面向全体幼儿，关注个体差异，坚持以游戏为基本活动，保教结合，寓教于乐，促进幼儿健康成长"。基于《纲要》《指南》，以正确的儿童观与教育观为导向，尊重不同年龄阶段学习与发展规律，从健康、语言、社会、科学、艺术五大领域建构游戏化、生活化、综合性的幼儿园课程，开启了我国幼儿园课程主动本土化、现代化发展之路。幼儿课程建设逐渐回归儿童立场，呈现出园本化、多样态、动态化的发展趋势。首先，教师的"教育观""儿童观""课程观"发生转变。从关注教师的"教"，转向关注幼儿的"学"；从"学科知识"转向"核心经验"；教育者相信每一个幼儿都是积极主动、有能力的学习者，坚持以游戏为基本活动，珍视生活和游戏的独特价值，充分尊重和保护幼儿的好奇心和探究兴趣，最大限度地支持和满足幼儿通过直接感知、实际操作和亲身体验获取经验的需要。其次，广大幼儿园积极开发、因地制宜地利用自然资源与文化资源，围绕"德、智、体、美、劳"全面育人目标，拓宽园本课程主题，如爱国主义教育、传统文化教育、劳动教育、自然教育等。

近十年来，全国各地幼儿园从课程目标、课程内容、课程实施、课程评价等多方面进行调整与改革。全国涌现出一批具有突破性意义的课程实践优秀样例，如浙江省的"安吉游戏课程"、重视幼儿哲学思维品质培养的中华女子学院附属幼儿园的生活化课程、成都市蒲江县南街幼儿园开展的自然教育、南京市实验幼儿园的综合课程、苏州市花朵幼儿园的"生活化、游戏化"课程、江苏省的"幼儿园课程游戏化项目"等以地方为主体的改革代表。这些成功的改革案例增强了我国幼儿园进行本土课程创新的文化自信。①

三、幼儿园师资队伍规模扩大，整体素质不断提升

百年大计，教育为本；教育大计，教师为本。加强教师队伍建设是近些年来国家部署教育发展战略时的先导性工程。建立一支新时代高素质的幼儿教师队伍是实现教育强国的最根本保证。研究与实践表明，幼儿教师数量、师幼比等结构性要素是直接影响保教质量的关键因素。幼儿教师的资质水平、培训与工作条件与学前保教质量高度相关。一方面，具有良好资质、经过专业培训的幼儿教师能够创设更符合幼儿需求的学习与发展环境，更善于进行有效的师幼互动，也更能根据幼儿的个体差异因材施教，进而使每个幼儿得到最大化发展；另一方面，幼儿教师的工作满意度和稳定性也是影响学前教育质量的重要因素，因而需要持续改善幼儿教师的工作条件，包括缩减班额、提高师幼比、提

① 张斌，虞永平.守正与创新：指向中国式学前教育现代化的幼儿园课程改革[J].学前教育研究，2023(6)：11－19.

高工资待遇、营造良好的工作场所与环境等。[①] 特别是近十年来，我国幼儿园师资队伍的壮大有力地推动了学前教育事业的整体发展。

一是幼儿教师数量大幅增加，从业人员学历不断提升。截至 2023 年，全国共有学前教育专任教师 307.37 万人，专任教师中专科以上学历比例为 92.74%。幼师比呈逐年下降的趋势，幼儿园在园幼儿与教职工比为 14∶1 左右，基本达到了“两教一保”的配备标准，师资短缺问题得到有效解决。

二是幼儿教师培养培训走向科学化、规范化。《教育规划纲要》指出，要“切实加强幼儿教师培养培训，提高幼儿教师队伍整体素质，依法落实幼儿教师地位和待遇”。近年来，我国学前师资职前培养与职后培训体系逐步完善。2011 年，教育部颁布《教师教育课程标准(试行)》，详细规定了幼儿园职前教师教育课程目标与课程设置，形成了综合性大学、师范大学、地方学院、职业技术学院、幼儿师范学校、职业高中共同参与教育办学的多元化的培养格局。[②] 教师素质明显提高，学历结构进一步优化，2023 年我国幼儿园专任教师中专科以上学历比例为 92.74%，比 2009 年的 59.75%提高了近 33 个百分点，专任教师学历合格率 99.39%，基本实现幼儿园教师全员持证上岗。学前教师培训已纳入中小学继续教育体系，2011 年幼儿园教师国培计划开始实施，培训实现全员覆盖，参培人数和人均培训次数都在持续增长，到 2018 年，专任教师参加培训人次供给 1 480.9 万次。为提高职后培训的实效性，各级各类培训机构聚焦精准培训、自主选学、培训数字化转型，充分调动教师主动性，满足了广大幼儿教师不同职业发展阶段专业成长需求。

三是幼儿教师职业走向专业化与标准化。2001 年《纲要》颁布，对幼儿园教师角色有了清晰界定：“教师应成为幼儿学习活动的支持者、合作者、引导者。”2012 年《幼儿园教师专业标准(试行)》实施，规范教师保教行为，引领幼儿园教师专业发展，使幼儿园教师培养、准入、培训、考核等工作有据可依。幼儿教师职业从“知识关注”“实践关注”走向“精神关注”，[③]改变了以往重知识技能的专业倾向，更加关注教师的理想信念、价值诉求和专业精神。《新时代幼儿园教师职业行为十项准则》将师德师风建设放在教师队伍建设工作的首要位置，完善了师德师风培训制度，将师德教育作为教师入职、晋升等培训的重要内容，将师德考核贯穿教师管理和职业发展全过程，在招聘引进、岗位聘任、绩效考核、职称评定、推优评先等环节均提出明确要求。

---

① 沙莉，霍力岩.OECD 学前教育质量政策杠杆：背景、特点、八国实践经验及启示[J].现代教育管理，2014(12)：112-117.

② 虞永平，张斌，等.学前教育[M].北京：科学出版社，2018.

③ 洪秀敏，等.中国教育改革开放 40 年：学前教育卷[M].北京：北京师范大学出版社，2019.

四、幼儿园安全管理与卫生健康工作不断完善

幼儿园应当把保护儿童生命安全和身心健康放在首位。幼儿的安全、健康是幼儿园质量的基本保障。近年来，幼儿园在安全监督管理、安全事故预防率、安全健康教育、应急事件处置、传染病防控、卫生保健（预防近视眼、肥胖）等方面都取得了进展。

第一，进一步健全安全管理制度。2022 年 6 月 1 日颁布的《中小学、幼儿园安全防范要求》弥补了 2012 版《中小学、幼儿园安全技术防范系统要求》人力防范和实体防范方面要求偏低、系统技术指标与新技术应用不匹配不协调等问题，把校园安全防护区域从内部延伸到了门口、周边地区，这进一步完善了校园安全防范。第二，进一步加强安全教育工作。将安全教育纳入幼儿园课程体系，定期组织开展实战性应急演练，如定期组织消防、地震演习，加强幼儿安全自我保护意识，提高幼儿感知、体悟、躲避危险和伤害的能力。第三，大力落实相关部门对幼儿园安全保卫和监管责任。各地对幼儿园各类安全问题加强监督与定期安全隐患排查，如周边地区安全防控、食品药品管理、午睡窒息、教学活动及游戏中人身事故等；依法严厉打击各类侵害幼儿人身安全的违法犯罪行为，加大处置力度。建立全覆盖的幼儿园安全风险防控体系，强化治安防范、消防安全、交通安全、食品安全、卫生防疫等工作。第四，运用现代化技术，打造智慧校园安防系统，如门禁系统、视频监控系统、运维系统、车辆（校车）管理系统、消防系统、一键报警系统、应急救援设施等。

根据《托儿所幼儿园卫生保健管理办法》及《幼儿园工作规程》相关规定，广大幼儿园在各级卫生、教育行政部门的监督与指导下，贯彻保教结合、坚持预防为主的方针，建立健全卫生安全管理制度，使幼儿园的卫生保健工作逐步走向科学规范。大部分园所在膳食营养、体格锻炼、健康检查、卫生消毒、疾病预防等方面均得到明显改善。落实各项卫生安全防护工作，预防伤害事故的发生，幼儿园初步建立起应对重大突发公共卫生事件响应机制，更加重视在传染病防控工作中流程与规范化操作，为幼儿身心健康提供了重要保障。此外，社会围绕儿童生长监测、营养与喂养指导、眼保健和视力检查等儿童生长发育重点，全面加强儿童健康服务和管理。据国家统计局对儿童健康、安全等领域数据显示，截至 2022 年末，3 岁以下儿童系统管理率为 93.3％，比 2021 年提高 0.5 个百分点；7 岁以下儿童健康管理率为 94.9％，提高 0.3 个百分点。0—6 岁儿童眼保健和视力检查覆盖率为 93.6％，提高 0.6 个百分点。根据国家统计局 2023 年 12 月公布的数据，2022 年，儿童伤害死亡率为 8.74/10 万，比 2021 年下降 15.0％。

五、稳步推进幼儿园与小学科学有效衔接

2016 年，学前教育宣传月的主题为“幼小协同，科学衔接”。各地组织幼儿园和小学针对提前学习、片面学习等现象进行纠正，鼓励其与家长一起为幼儿做好生活常规、学习品质、社会交往等方面的入学准备；鼓励小学坚持“零起点”教学，采取多种方式帮助幼儿适应小学生活。2021 年教育部印发《关于大力推进幼儿园与小学科学衔接的指导意见》，全面推进幼儿园和小学实施入学准备和入学适应教育，减缓衔接坡度，帮助儿童顺利实现从幼儿园到小学的过渡。有关部门持续开展幼儿园“小学化”专项治理，加大整治力度，坚决防止和纠正幼儿园“小学化”倾向，严禁培训机构以学前班、幼小衔接等名义提前教授小学内容、强化知识技能训练。同时，严格执行小学起始年级必须按国家课程标准坚持零起点教学，对于违反相关规定的，一经发现给予严肃处理。

六、家园社协同育人模式初步建立

为推进幼儿园普及普惠，办人民满意的教育，学前教育充分发挥家校社协同作用，家园共育，家长满意度明显提高。开展家庭家教家风建设，引导广大家庭将立德树人作为家庭教育的首要任务，培养儿童的好思想、好品德、好习惯。我国出台《关于进一步加强家庭家教家风建设的实施意见》《关于进一步完善家庭文明建设活动工作机制的意见》，以建设好家庭、涵养好家教、传承好家风为重点深入实施“家家幸福安康工程”。学前家庭教育指导服务体系逐步完善。2022 年 1 月，《中华人民共和国家庭教育促进法》正式施行，明确规定推进家庭教育指导服务体系建设，将家庭教育指导服务纳入城乡公共服务体系和政府购买服务目录，制定实施家庭教育工作规划。

七、托育服务体系加快构建

随着我国经济社会发展，人口变化趋势，国家将建设普惠托育服务体系作为促进人口长期均衡发展的重要支持措施。大力发展托幼一体服务。2019 年国务院办公厅印发《关于促进 3 岁以下婴幼儿照护服务发展的指导意见》，明确发展托育服务的总体要求、基本原则及主要任务。截至 2023 年，据教育部统计，全国幼儿园在托 2—3 岁幼儿 33.7 万人，占全国在托婴幼儿数的 15％。2024 年 10 月，国务院办公厅印发《关于加快完善生育支持政策体系推动建设生育友好型社会的若干措施》的通知指出，将增加普惠托育服务供给，完善普惠、托育支持政策。

第二节　幼儿园保教质量提升面临的问题与挑战

二十大报告指出，“教育、科技、人才是全面建设社会主义现代化国家的基础性、战略性支撑”，将“办好人民满意的教育”放在科教兴国战略的首位。学前教育是整个国民教育体系的开端，学前教育的高质量发展对促进人才培养、科技创新、推动中国式现代化，具有极其重要的作用。党中央把建设普及普惠、安全优质的学前教育摆上了前所未有的重要位置。过去十几年我国学前教育事业取得一系列进步，为我国从教育大国向教育强国迈进奠定了坚实基础、创造了良好条件、提供了重要保障。国务院印发的《关于当前发展学前教育的若干意见》提出“保障适龄儿童接受基本的、有质量的学前教育”，2017 年党的十九大报告进一步要求“努力让每一个孩子都能享有公平而有质量的教育”。教育部等四部门发布的《关于实施第三期学前教育行动计划的意见》，把“提升保育教育质量”作为三个重点目标之一。保教质量是幼儿园的生命线。但当前我国学前教育还面临着资源分布不均、教师素质整体偏低、课程质量不一、质量督导与评价不到位、教育数字化等诸多挑战，学前教育仍然是各级各类教育中的短板，发展不平衡不充分问题仍然突出，仍有一些问题和新出现的矛盾亟待解决。①

一、重教育轻保育，保教工作有待进一步规范

重教育轻保育的现象依然存在，保教分离、保育不科学、不充分的教育行为制约着幼儿园保教质量的提升。保育工作是幼儿园的基础性工作，是幼儿园一切教育的前提，是幼儿园生存和发展的基础，也是保障幼儿生存与发展权利的重要手段，对实现幼儿全面健康协调发展具有不可替代的重要价值。②《纲要》中指出：“幼儿园必须把保护幼儿的生命和促进幼儿的健康放在工作的首位。”《幼儿园工作规程（2016 年版）》指出，幼儿园要“按照保育与教育相结合的原则，遵循幼儿身心发展特点和规律……促进幼儿身心和谐发展”。目前，幼儿园保育工作并未真正达到促进幼儿全面发展的目的，主要表现在以下几个方面。

---

① 高丙成.吹响新时代学前教育改革发展的冲锋号[J].幼儿教育，2019(Z1)：8－11.

② 宋蓉.幼儿园保育价值的失落与回归[J].学前教育研究，2020(8)：89－92.

一是社会对幼儿园保育工作价值的认识存在偏差。一些幼儿园和家长受传统观念的影响而“重教轻保”。研究表明，幼儿园教师的保育价值判断低于其教育价值判断。①大家普遍认为保育工作仅仅是对幼儿进行日常照护，负责孩子的吃喝拉撒睡等基本生活需要以及幼儿园卫生属于体力劳动工作。在日趋激烈的社会竞争中，部分教育机构与家长更重视知识传授，忽视了幼儿的年龄特征和身心发展规律，以及幼儿直接生活经验的教育价值，造成保育的基础性作用难以发挥，给幼儿的身心健康成长带来不良影响。然而，研究与实践证明，儿童在阅读、书写、计算技能等方面的学业成功并不依赖于其提早接受的正规教育，而依赖于儿童自身的准备度和成熟度。②

二是保育员队伍长期处于低水平发展的职业困境。幼儿园保育员学历层次、专业要求普遍偏低，她们甚至不被视为教师，在日常班级管理中，保育员通常被视为班级教育工作的辅助者。这导致保育员在话语权、职称评定、薪资待遇、社会地位、保障水平、发展空间等方面都明显低于幼儿园教师。在一些保教轮岗的幼儿园，也暴露出幼儿园教师保育胜任力不足等问题，如专业知识薄弱，保教隐性分离，卫生保健能力不足，安全卫生能力不足，保育责任感缺失，保育工作能力不足，心理特质水平较弱，幼儿情绪察觉能力不足，职业认同度低等。③ 可见，当前保育员队伍素质整体偏低，是制约幼儿园保教质量的重要因素。

三是保教分离，保育工作的教育功能发挥不足。幼儿重要的品质、良好的生活与行为习惯都是在日常生活中养成的，幼儿园课程也是生成于真实的生活场景中，保育工作不仅满足幼儿生存、生活的基本需要，也为教育活动提供基础的材料、环境、情境、秩序、关系等方面的物质与精神准备与支持。此外，保教活动安排不合理、一日活动组织不科学、偏重集体教学、户外活动时间不足、幼儿生活不自主、游戏时间不足、过渡环节组织不适当、“小学化”等问题，依然阻碍保教质量全面提升。

二、教育过程关注不足，师幼互动质量有待进一步改善

师幼互动是教师和幼儿之间发生的人际互动，具体指“发生在幼儿园内部的、贯穿于幼儿一日生活中的幼儿园教师与幼儿之间的相互作用、相互影响的行为和过程”④。大多数学者认为，成人与幼儿的互动深刻地影响着幼儿全方面的发展，这种持续互动对儿童期甚至一生产生影响。师幼互动在幼儿园无时无刻不在发生，师幼互动的质量对儿童语

---

① 冯艳慧，王冬兰.幼儿园教师对保育与教育价值的选择比较[J].学前教育研究，2014(5)：22－29.

② 赵南.学前教育“保教并重”基本原则的反思与重构[J].教育研究，2012(7)：115－121.

③ 李怡静.保教一体化趋势下幼儿园教师保育胜任力调查研究[D].河南：信阳师范学院，2022.

④ 刘晶波.师幼互动的总体特征及其功能[J].幼儿教育，1998(11)：4－5.

言、认知、社会性、情绪能力等方面的发展具有积极的预测作用。在幼儿园教育过程中，无论是抽象的教育目标、教育原则，还是直观的教育方案、教育内容，无不是借助于连续不断的师幼互动而逐渐变成现实的。因此，近些年师幼互动受到了国内外学前教育研究者的广泛关注。师幼互动被视为学前教育过程性质量中核心的要素。《评估指南》将师幼互动质量作为儿童早期学习和发展的关键指标，师幼互动质量日益受到重视。然而，目前我国幼儿园师幼互动质量方面仍旧存在一些问题。

一是从整体上看，我国幼儿园建设"重硬件轻内涵""重结果轻过程"的现象普遍存在，造成结构性质量向过程性质量的转化出现障碍。在前些年学前教育大规模普及阶段，主要通过加大对结构质量的建设力度来提高学前教育资源的供给，但当资源建设到一定程度后，需要着力于过程质量的建设，才能推动学前教育的高质量发展。① 以往幼儿园对具体可见的静态要素（硬件设施、玩教具材料等）较为重视，但对教学过程中的师幼互动因素、教育环境创设与利用、教师与家长交流互动等动态要素的关注较少。② 从过程质量而言，师幼互动是过程质量的主体部分，而结构质量对学前教育质量产生影响，需要通过师幼互动质量来转化。③ 幼儿园一日生活环节多样、师幼互动随机性强，有些教师很难把握高质量师幼互动的核心要义和指导规律。④

二是幼儿园师幼互动水平偏低。目前，幼儿园师幼互动存在以下几个方面的问题。第一，互动中幼儿主体地位缺失。在实际的教育活动中，教师往往处于主动者的地位，控制着互动行为的发起和互动过程，主导着幼儿的行为，缺乏主动倾听、尊重幼儿的态度，而幼儿常常处于服从、依赖的被动地位。我们运用 CLASS 系统对我国幼儿园师幼互动考察时发现，在"教育支持"领域（认知发展、反馈质量）呈现较低水平。教师在师幼互动中呈现的问题包括教师对幼儿自主性关注不够、教育目标模糊、反馈方式单一、互动回合少、给予幼儿思考和解决问题的空间不够等。⑤第二，教师日常运用的师幼互动策略单一。有些教师不善于根据幼儿不同发展阶段与水平采取有针对性的互动策略。教师偏重言语互动，不能适时根据教育情境变化，灵活借助材料、表情神态、肢体等开展多模态互动。第三，重显性互动，忽视道德、情绪情感、行为控制等方面的隐性互动。

三是幼儿园内部对日常师幼互动的评估与监控能力不足。多数园长和教师仍在采取传统的听课评课的方式，主要围绕集体教育活动进行过程性质量评价，忽视幼儿园一

---

① 侯莉敏.深化教育评价改革 提高幼儿园保教质量[J].上海托幼，2022(4)：8-9.
② 姚伟，黎诩.幼儿园教育质量内部监控存在问题、原因及对策[J].学前教育研究，2015(2)：3-7.
③ 韩春红.国际学前教育质量研究新动向[J].全球教育展望，2016(9)：92-99，128.
④ 彭迎春.幼儿园师幼互动质量提升的实践与探索[J].中国教育学刊，2023(A1)：171-174.
⑤ 彭迎春.幼儿园师幼互动质量提升的实践与探索[J].中国教育学刊，2023(A1)：171-174.

日生活中其他保教环节中积极的师幼互动，造成了评价的主观性和随意性大，影响到评估结果的有效性。由于班级教师工作环节多且复杂，教师对《评估指南》师幼互动评价指标理解不到位，教师在实践中往往不能持续对互动行为进行反思与改进。目前有些幼儿园已经开始尝试运用国际化的评估工具对师幼互动进行量化评估分析，如课堂互动评估系统、弗兰德斯互动分析系统（Flanders Interaction Analysis System）等。我国仍然缺乏幼儿园教师易于操作的师幼互动质量评估工具。

三、学前教师队伍建设相对滞后，教师专业化水平仍有待提高

保障幼儿园质量的关键是师资队伍。教师的综合素质对学前教育质量具有显著的预测效应。目前，我国学前教育整体师资水平有所提高，但与中小学教师相比依旧较为薄弱，幼儿教师拥有本科及研究生学历的占比相对较低，与新时代教育事业改革发展需求仍不相适应，整个幼儿园教师队伍的专业化水平亟待提升。一方面，不同地域、不同地区、不同性质的教师队伍差异大。如城乡幼儿园师资力量差异显著，严重制约着我国学前教育事业的高质量发展；[①]我国东部地区教师综合素质高于中西部地区；[②]公办园和民办园教师在年龄、教龄、平均月收入、编制、教师资格证、职称、学历、专业上存在显著性差异。另一方面，违反师德师风事件仍时有发生，幼儿教师培养层次普遍偏低、职后培训目标不明确、培训形式较为单一、培训成果的实践转化能力弱。

近年来，为满足扩充学位需求，各地新建幼儿园数量增加，每年有大量新教师补充到教师队伍当中，成熟教师、骨干教师短缺，幼儿园管理者及教师年龄结构年轻化，一些青年教师在缺乏园所和班级管理经验的情况下，就走上了管理岗位，在一定程度上增加了办园管理风险。幼儿园教师在园本课程建构与实践、师幼互动、幼儿观察与评价、家园沟通与家庭教育指导等方面的能力仍有不足。

另外，幼儿教师的待遇保障不足的问题依然存在，幼儿教师由于工作强度大，她们的身心健康、职业幸福感也需要被关注。学前教师队伍中非编教师比重大。非编教师、农村教师保障水平低，工作稳定性差。

四、家、园、社协同育人的局面尚未完全形成

要落实立德树人根本任务，离不开学校、家庭和社会三方的教育力量互相合作、协同

---

① 侯莉敏，刘倩.我国学前教育事业实现高质量发展的时代价值与路径取向[J].学前教育研究，2023(6)：1－10.

② 秦金亮，等.基于证据的学前教育需求与质量研究[M].北京：北京师范大学出版社，2018.

育人。习近平总书记在全国教育大会上明确指出，办好教育事业，家庭、学校、政府、社会都有责任。[①]《纲要》对幼儿园、家庭、社会明确要求“幼儿园应与家庭、社区密切合作”，“充分利用自然环境和社区的教育资源，扩展幼儿生活和学习的空间”。《中华人民共和国家庭教育促进法》(以下简称《家庭教育促进法》)于 2022 年 1 月 1 日正式实施，家庭教育由“家事”变为“国事”，支持家庭教育尤其是幼儿家庭教育也成为我国的战略选择。《评估指南》对家园共育这一关键指标有明确的要求，即幼儿园与家庭、社区积极构建协同育人机制，促进幼儿健康发展。目前，我国家、园、社协同育人方面还存在一些问题。

一是家、园、社协同育人的理念尚未深入人心。家园合作中以幼儿园为主的单向“信息输出”现象并没有改善，家长参与的积极性依然不高，家园共育的形式还比较简单。[②]幼儿园、教师往往处于主动者的角色，拥有极大的话语权，较少考虑家长与社会的需求。除观念偏差，还存在教师视野局限、统筹协调能力弱、家庭指导策略缺失，家长对幼儿园缺乏信任感，社区参与度低等问题。

二是家、园、社协同育人的资源尚未完全整合。无论是“学校教育”“家庭教育”，还是“社会教育”，都蕴含着丰富的育人资源。但目前对各类教育主体的育人资源挖掘还不充分，各类资源还未得到有效的整合，育人合力作用尚未形成；家庭忽视长期形成的优良教育传统，对好的家风、家训、家教挖掘运用力度不够。多数幼儿园对社会资源的开发与利用不足，一些身边“习以为常”的乡土资源、传统文化资源、社区资源往往被忽视，制约幼儿园特色课程的发展。

三是家、园、社协同育人的机制尚未普遍建立。政策落实需要机制保障，目前国家对家、园、社三方的具体责任尚无明确规定，造成互相推诿、履责监管不到位等问题。另外，家、园、社合作模式简单重复，缺乏创新性。一些农村落后地区幼儿园的家、园、社合作能力更加薄弱。

五、幼儿园办园条件和环境需进一步改善

办园条件和环境是幼儿园保教活动开展的重要前提条件，是办园行为的基础保障。2010 年以来，随着我国对学前教育投入的增加，幼儿园在办园硬件条件及环境方面虽然得到了巨大的改善，但还存在一些不足。

---

① 新华社.习近平在全国教育大会上强调坚持中国特色社会主义教育发展道路 培养德智体美劳全面发展的社会主义建设者和接班人[J].高等教育发展研究，2018(4)：1－3.

② 李飞.家园共育：价值取向、现实困境与路径优化[J].福建教育学院学报，2022(10)：15－20.

一是幼儿园办园条件的结构性短板依然存在。幼儿园生均教学及辅助性用房面积、生均户外场地面积、睡眠及盥洗室面积等，这些保障幼儿园一日生活与教育活动顺利开展的场地配置仍未达到《幼儿园建设标准》的要求。统计数据显示，2024 年幼儿园生均活动室面积为 4.0 平方米，仍低于全日制幼儿园幼儿活动用房人均使用面积 4.90—6.10 平方米的标准。

二是幼儿园园舍空间的整体设计规划与利用效率有待改善。有些园所虽然在空间面积的数量上达标，但仍存在危房及违规建筑，在幼儿不同生活与活动空间使用上缺乏整体设计与规划，造成办园条件的实际质量不高，如室内外空间划分不合理、设施配备存在安全隐患、闲置面积大、采光通风设计不良、户外场地与绿地使用不足等。办园条件的相关教育产出效率低下，制约着保教质量的提升，给幼儿园多元化课程建设及幼儿的健康成长带来不利影响。

三是幼儿园设施设备、图书及玩教具配备数量和种类不足。幼儿园的安全设施、卫生设备、玩具材料需要进一步满足幼儿多样化发展的需要；玩具、图书种类的丰富性支持不同年龄幼儿的兴趣与活动；确保各类材料均符合国家规定的安全质量标准及相关环保要求。

四是在幼儿园的环境创设方面还存在“成人化”倾向，以教师布置为主，很少让幼儿参与到环境创设当中，以成人视角为标准，部分环境创设仅仅为了应付观摩与检查。环境创设与课程建构、幼儿发展互相脱离。幼儿无法与环境、信息发生真实互动，虽然环境中呈现内容多数为幼儿作品，但忽视幼儿真实需求，忽略幼儿经验积累与主动探究过程，使幼儿的主动性、表达能力、动手操作能力、想象力、创造力等方面的发展受到阻碍。教师有时会片面追求物质环境的精致、美观，而忽略营造安全、和谐、自然的环境氛围。

第三节　幼儿园保教质量提升的对策

在回顾和总结保教质量提升举措的实施成效与取得的辉煌成就，梳理与认清当前保教质量提升面临的严峻挑战的基础之上，我们从保教结合、师幼互动、教师队伍建设、家园社协同育人、办园条件与环境改善等方面提出建议，促进在保教实践中形成对中国幼儿园保教质量提升的规律性认识，寻求高质量保教体系建设的中国智慧与中国经验。

一、新时代保教结合的创新与发展

“保教结合”体现幼儿园的教育特征，是幼儿园工作的根本原则。因此，要提高幼儿园保教质量，首先要夯实基础，根据幼儿身体和心理发展的特点做到保教融合，即保中有教、教中有保、在幼儿园实现保教一体化。

1. 加强对保育工作价值的重新认定

幼儿是身心发育尚未成熟的个体，进入幼儿园之后，只有在确保其基本生命安全、满足其生活需要的基础上，才能使他们正常地与同伴交往、接受新经验，获得身体、语言、心理、认知、情感和社会性等各方面发展。幼儿园一日生活皆课程，幼儿的学习与发展寓于一日生活与游戏当中，且幼儿的学习必须始于保育工作中的日常生活，只有这样才能建立起幼儿心智结构与外在经验之间的有效连接。

2. 提高保育工作质量

“保教并重”不能仅仅停留在观念层面。一方面，要促进保育员专业发展。更新保育员的现代保育理念，职前、职后双管齐下，提升保育员的理论知识及实际操作技能，全面提高保育员素质。另一方面，要切实提高保育员的社会地位和工资待遇。在职业认同、专业发展、职称评定、福利等方面给予保育员更多保障。加强保育员培训，为保育员提供专业发展的机会和平台，鼓励保育员参与教研活动、幼儿园课程建设，让其在不断的发展实践中提升保育工作水平和质量。

3. 构建保教融合的视角下保教一体化工作管理机制

保教一体化以教育规律、幼儿身心发展特点和社会要求为基准，整合幼儿园的保育和教育活动，达到二者融合，培养身心全面健康可持续发展的完整幼儿。① 幼儿园本身就是一个复杂的系统。幼儿园的内部各要素之间也需要彼此联系、相互渗透、相互影响，无论是保育工作还是教育工作，都不能出现各司其职、互不干扰的一元化分离状态。② 幼儿的学习与发展是在一日生活中进行的，生活中蕴含着宝贵的随机教育机会，诸如入园、饮水、用餐、如厕等生活活动既是生活的一部分，同时也是重要的教育资源。这些保育活动可以帮助幼儿不断地认识自己，并在这个过程中习得如何去理解个体与外部世界的关系。幼儿园各类教育活动必须基于保育去开展，只有这样才能促进幼儿有意义地学习和主动学习。③

---

① 冯晓霞.幼儿教育[M].长春：吉林教育出版社，2000.

② 邓诚恩.幼儿园保教一体化的理论探析与现实考察——基于重庆市×园的研究[D].重庆：西南大学，2016.

③ 张晴.“情境互动”式教育促进幼儿有意义的学习[J].上海教育科研，2009(9)：66－67.

加强保教科学化管理，对保教工作进行合理整合。提高保教工作的计划性，改变保教盲目、随意和无序状态，使保育工作更加科学、规范、标准。制定保育员工作要求及具体操作细则，形成科学有序的操作系统，规范保育行为，以达到保育过程的科学化管理。

二、聚焦高质量师幼互动的改进

师幼互动是贯穿于幼儿园一日生活中核心的人际互动，幼儿与教师在互动中发展自我，建构自己的行为。幼儿在幼儿园与教师之间的互动质量不仅关系到教育质量，而且关系到幼儿终身的发展。师幼互动已逐渐成为评估学前儿童教育质量的关键要素。然而，目前幼儿园内师幼互动的质量并不理想，如：师幼之间缺少对话或以教师为话语主导；教师不能及时回应幼儿，支持幼儿差异化发展；言语控制、预设答案；教师对幼儿的奇思妙想进行冷处理；教师的言语示范不当等现象依然存在。针对当前师幼互动存在的问题，我们可以从以下方面进行改进。

（一）建立高质量师幼互动改进模式，聚焦班级师幼互动

首先，要关注师幼关系中教师角色的转变，由教师为中心转向以幼儿为本，师幼交互、平等对话。其次，要聚焦班级各类保育和教育活动的过程。研究表明，班级过程性质量（如师幼互动质量）是促进儿童发展的核心质量要素。① 班级师幼互动直接影响着儿童认知和社会性情绪发展，包括集体教学活动的设计、组织与学习支持的有效策略、户外活动的监护与指导，各类区角游戏活动的环境创设、观察、记录、指导、互动与评价，儿童各领域学习与发展的关键性支持策略等。② 最后，在互动模式的构建上，一方面要突破师幼认知层面的互动，强调师幼主体间的相互平等和尊重、情绪情感的积极互动，另一方面教师提供有效的机会，促进幼儿之间的交流与合作，同时也要关注除教师以外的其他利益相关者的互动支持，教师、家长、幼儿园园长等多措并举的师幼互动提升策略。③

高质量的师幼互动改进具体表现在班级一日生活不同活动中（区域活动、生活活动、户外活动、集体教育活动）。教师在熟悉幼儿语言发展的年龄特点和个体差异的基础上，通过多种适宜的方式规范和引导幼儿的行为，尝试采取多样化的互动策略，如：在互动过程中，教师逻辑思维清晰，提问具有开放性和层次性；给予幼儿充分的时间思考，教师适

---

① 胡碧颖，王双.学前教育质量评价：研究与实践[M].北京：北京师范大学出版社，2017.

② 秦金亮，等.基于证据的学前教育需求与质量研究[M].北京：北京师范大学出版社，2018.

③ 刘腾腾，郝翌钧，秦元东.近十年我国幼儿园师幼互动的研究综述——基于 Cite Space 的知识图谱分析[J].早期教育，2022(43)：2－7.

时适度的耐心等待；在问题质疑中，教师引发幼儿进一步讨论，直至问题解决；教师给予幼儿充足的提问机会，鼓励幼儿根据现象猜测结果，通过提问、追问引发幼儿进一步调查学习，检验对新经验的理解；教师借助具体情境，通过开放性问题及丰富的材料促进幼儿之间的互动交流；尊重和倾听幼儿表达，为幼儿创造多种表征机会，对幼儿的表达进行快速筛选、分析，捕捉重点信息，帮助幼儿梳理表达重点；采用镜像对话的方式促进良好师幼对话的生成。原晋霞等提出在游戏活动中运用持续共享思维，悬置"教师"身份，以玩伴的角色潜入游戏，以儿童的视角推进游戏，并发挥支架作用，促进幼儿的思维发展。①

（二）营造尊重、平等、民主、开放的教育生态环境

幼儿园除了关注物质环境、师资等显性指标，还需要加强对师幼互动隐性特征的观察与分析，如管理制度、文化传统、心理氛围等隐性因素。从人际关系人文制度等层面出发，共同致力于提升互动质量，师幼之间通过经常性的个别化交流与互动，建立彼此尊重的师幼关系。园所运用评价激励、民主对话、服务支持等管理手段，营造以人为本的治理文化，最终形成"包容、尊重、欣赏、自主"的教育生态。

（三）完善幼儿园保教质量自我评估与动态监控机制

《评估指南》明确指出，"幼儿园应建立常态化的自我评估机制，促进教职工主动参与，通过集体诊断，反思自身教育行为，提出改进措施"，同时还要"有效发挥外部评估的导向、激励作用，有针对性地引导幼儿园不断完善自我评估，改进保育教育工作"。因此，要加强研究者和幼儿园教师间的合作，针对不同幼儿园的办园特色，围绕师幼互动质量核心开展个性化的指导和培训。国外相关评估工具，如CLASS量表的引入和推广，推动了我国师幼互动质量的研究在方法上从质性开始走向质性和量化相结合的道路。我们需要在引入国外质量评估工具的基础上，结合我国目前不同地区、不同类型幼儿园师幼互动的现状，对其进行本土化改造，通过不同类型幼儿园的数据进行验证，研发适合本土幼儿园教师且易于操作的提高评估质量的工具，以提高师幼互动自评的信度和效度。

三、建设高素质专业化创新型的学前教师队伍

教师是教育的第一资源，是建设高质量教育体系、实施高质量教育的根本力量。习

① 原晋霞，曾晓滢.幼儿园游戏活动中师幼互动质量提升策略——基于持续共享思维理论[J].陕西学前师范学院学报，2023(2)：61－68.

近平总书记强调:"有高质量的教师,才会有高质量的教育。"截至2023年,全国共有学前教育专任教师307.37万人,建设一支高素质的保教教师队伍,是办好人民满意的学前教育、实现"幼有优育"的关键。

(一)强培养,加强中国特色学前教师教育体系建设

在教师培养方面要进一步扩大高等学校、中等师范学校学前教育专业的培养规模,加大本专科及研究生层次幼儿园教师的培养力度。加强学科建设,探索建立教师教育全链条协同创新平台。在职前培养阶段需平衡教育理论与实训比重,围绕中西部欠发达地区教师定向培养和不同阶段教师进行精准培训,研制学前教师培训课程标准,把握学前教育理论与前沿,更新培训内容,拓宽培训形式,采取面授、在线课程、成果展示、观摩学习、同伴互助、专家现场指导等相结合的方式,提高培训实效,缓解教师工学矛盾。同时要加强教研引领,完善区域、园本、班级教研体系,推动教研平台建立,发挥优质园和骨干教师的辐射引领带动作用,强化基于幼儿发展实际问题和课程改革的研究。

(二)促保障,改善幼儿教师待遇推动教育公平

解决幼儿教师工资水平和福利待遇保障问题是加强幼儿园教师队伍建设的第一动力。着力探索幼儿园教师资质、聘用制度、合法权利、工资水平、福利体系等一系列的保障政策,吸引优秀人才进入学前教育工作岗位,让优秀人才真正"进得来""留得下"。[①] 合理调配公共教育资源,促进教育公平。认真落实公办园教师工资待遇保障政策、工资收入政策,保障幼儿教师工资按时、足额发放;通过生均财政拨款、专项补助等方式提高公办园非在编教师待遇,逐步实现在编与非在编教师同工同酬。为农村和边远贫困地区扩充编制,培养补充合格的幼儿园教师。根据国家有关规定和当地实际情况,制定幼儿教师收入最低标准,加强对民办园教师薪酬待遇的合理化引导,督促普惠性民办园保障教师法定权益的实现。[②] 努力做到统筹城乡教育规划,推动区域协调发展,促进教育公平有效落实。

(三)重引领,构建促进教师专业发展的支持性环境

侯莉敏等指出幼儿园教师专业发展的支持性环境应是全方位环境,包括功能环境、人文环境、自然环境、制度环境四个维度。这需要从幼儿园、家庭、社会等多方面建立幼儿教师队伍建设的支持系统。"幼儿园及相关部门了解幼儿园教师专业发展的个性化需

---

① 洪秀敏,等.中国教育改革开放40年:学前教育卷.[M].北京:北京师范大学出版社,2019.

② 占莉莉,叶存洪.幼儿园教师队伍建设现状及发展前瞻——基于江西省16个样本县(市、区)的调查[J].南昌师范学院学报,2023(1):103-112.

求，以此为出发点灵活配置相应功能与服务，满足幼儿园教师的发展诉求。支持性人文环境创设就是要挖掘与彰显幼儿园文化特色、精神风貌，构建公平、积极、和谐的专业成长氛围，增强幼儿园教师的职业归属感与认同感。支持性自然环境创设就是要保护与利用幼儿园及周边的自然资源，使教师身处自然、人文和谐共生的工作环境中。支持性制度环境创设要求相关部门完善幼儿园教师专业发展管理体系，如职称评定、培训进修、福利待遇等，为营造积极向上的职业发展环境提供制度保障。”①

(四) 赋动能，推进教师队伍数字化建设

伴随着大数据、人工智能、区块链等新一代数字技术不断迭代演进，政策和技术的双重驱动下，教师队伍建设亟待进行数字化转型。第一，数字技术全面升级教师管理信息系统。借助大数据可以更加精准地开展教师队伍建设的现状评析、问题诊断、趋势预测，以及支持教师队伍建设的决策科学化、治理精细化，提高教师队伍内部协同性并推动综合性治理。第二，数字技术赋能教师队伍教学实践的提质增效。在教师研修方面，虚拟现实、扩展现实等新技术能够改变和丰富资源的呈现形态，在不占用线下场地的情况下也能提供沉浸式感受。大数据、人工智能还能基于教师需求精准地推荐研修资源，便于教师随时随地获取和使用。数字技术能够高效推动线上与线下教学相结合，解决教师专业发展的时空局限，为教师打造便捷高效的立体化学习平台。② 第三，数字技术逐步重塑教育教学全过程，数字素养成为教师必备的关键素养，③教师需要利用数字技术资源支持教学，对自身教学实践进行及时分析、反思与改进。

四、进一步完善家、园、社协作机制

幼儿园要落实立德树人的根本任务，提升保教质量，离不开家庭、幼儿园和社会三方的教育力量协同发力，实现育人成效最大化，促进人的全面发展。目前，部分幼儿园还面临家园沟通不畅、家园矛盾突出等问题，给正常的教育教学秩序造成干扰。构建家、园、社协同育人格局依然面临着掣肘问题，协同育人的理念尚未真正深入人心，协同育人资源尚未有效整合，协同育人机制尚未普遍建立。因此，我们应该从三个向度系统考虑，不断深化家、园、社协作机制。

一是建立家、园、社三方平等、积极、经常性的互动机制。推动形成政府统筹协调、幼

---

① 侯莉敏，刘倩.我国学前教育事业实现高质量发展的时代价值与路径取向[J].学前教育研究，2023(6)：1-10.
② 刘洋溪，任钰欣.数字化赋能高质量教师队伍建设：何以可能与何以可为[J].当代教育论坛，2023(4)：73-81.
③ 吴砥，桂徐君，周驰，等.教师数字素养：内涵、标准与评价[J].电化教育研究，2023(8)：108-114，128.

儿园积极主导、家庭主动尽责、社会有效支持的协同育人格局，落实各方相应职责及沟通机制。借助现代信息技术，通过大数据、智慧平台等手段，采取正式沟通（组织家长委员会、家长会、座谈会、书面通知与反馈、家访、学校开放日等）与非正式沟通（非定期的临时的灵活的沟通方式，如日常对话、打电话、微信等）相结合的多元化沟通渠道，实现增进信任、信息流动、资源共享。

二是以课程为载体，拓宽家、园、社幼儿园深度合作的渠道。课程是为幼儿提供经验的过程，是贯穿于幼儿一日生活之中的全部内容和经验。只有家长、社区参与到幼儿园课程实践的过程中，才能更深刻地理解幼儿园的教育，熟悉幼儿发展现状和个性化的教育需要，实现深度、全面合作，完成对幼儿全面系统的教育。家长对幼儿园课程的参与，既不是传统意义上的“家长工作”，也不是一方为主的“配合”，而是双方的平等互动，形成一致的教育合力。一方面可以发挥家长、社区的资源优势，为幼儿园提供丰富的教育内容、支持与协助；另一方面，幼儿园为家长、社区提供各种有关教育的资讯与服务，并引导家长充分认识到家、园、社协作的教育价值。三方还可以围绕学前教育焦点、难点问题，如卫生保健、安全教育、幼小衔接等方面内容开展深度合作。

三是加强教师家庭教育指导能力。在家、园、社三方中，教师承担着家庭、幼儿园、社会之间的“纽带”的作用与责任。教师的家庭教育指导能力既是幼儿园教育的必需要件，也是家庭教育有效开展的必要的支持力量。家庭教育的开展越来越需要幼儿园和教师的指导和引导，教师在一定程度上担任了家庭教育指导员和专业咨询顾问的角色。教师的家庭教育指导能力是现代教师必备的关键能力，是教师通过多种学科的教育理念、手段、技术和方法，对实施家庭教育的家长从理论、方法、内容和技术等方面进行指导，帮助家长提高科学育儿素养、提升家庭教育水平的一种能力，其内容包括理念引领、行动规范、育人智慧培养等多个方面。幼儿教师学历层次偏低、生活社会经验匮乏，许多年轻教师因未有子女而缺乏家庭实际育儿经验，针对这些不足，幼儿教师应该从职前、职后教育补充家庭教育指导相应课程，以问题为导向，在实践中不断总结经验，补齐短板。

五、全面改善幼儿园办园条件及环境

办园条件是幼儿园办园质量的基础保障，是保障幼儿园正常运作的硬件支撑。创造安全、舒适、良好的教育环境对于幼儿的成长至关重要。当前，我国不同幼儿园的办园条件和环境水平差距较大，存在建设投入不均衡，幼儿园场地、设施设备利用效益不足，环境创设成人化等问题，因此，仍旧需要从多方面去破除其中的制约因素。

一是补齐结构性短板，促进各类幼儿园办园条件达到国家标准。在新建、改扩建幼儿园时首先应该保障幼儿生均活动室、盥洗室、睡眠室及户外、绿地面积，使幼儿在园拥有安全、舒适、充足、适宜的活动空间。

二是在幼儿园空间及设施的利用上，应根据幼儿学习与发展的需要。支持幼儿开展安全、健康、丰富的生活与游戏活动，充分考虑光线、照明、通风等条件，合理布置室内外、区域环境。各类设施设备严格按照安全、环保标准，符合幼儿的年龄特点，方便幼儿使用和取放。增加设施，保证幼儿在雨雪、雾霾等特殊天气下也能开展必要的室内外活动。

三是为幼儿配备数量充足、种类丰富的玩具材料。玩教具以低结构材料为主，玩具材料的选用避免奢侈浪费、低效重复，要符合国家相关的安全质量标准和环保要求。为幼儿配备数量充足，内容健康，既符合中国传统与现代文化特征又适合幼儿年龄特点和认知需要的图画书，并根据教育内容及时更换。

四是从幼儿视角出发，创设适宜中国幼儿健康成长的高品质的教育环境。环境要充分体现对不同年龄段幼儿发展需求的关注，体现对幼儿主体性的尊重，充分满足幼儿主动探索的需要。不仅要注重物质环境创设，还要为幼儿创设安全、和谐、文明具有支持性的心理文化环境等。